文章を読むための基本事項

■文章を読み取るには、まず「指示語」「接続語」に着目します。

指示語

　指示語とは、「これ」「それ」「あれ」「どれ」などの言葉。前に書かれた内容を受け、同じ内容を繰り返す働きがあります。

【指示語の指す内容の探し方】

> トランプには、ジョーカー以外の札が何枚あるか知っていますか。トランプは、スペード、ハート、ダイヤ、クラブに分かれており、それらは、それぞれ十三枚ずつあります。つまり、トランプにはジョーカー以外に五十二枚の札があるのです。

※指示語の指す内容を見つけたら、指示語にあてはめて、文意が通るかを確認します。

トランプは、スペード、ハート、ダイヤ、クラブに分かれており、スペード、ハート、ダイヤ、クラブは、それぞれ十三枚ずつあります。

接続語

　接続語とは、言葉と言葉、文と文、段落と段落などをつなぐ働きをする言葉。

　接続語には、下の表のようにさまざまな意味（働き）があります。それぞれの働きを理解することで、言葉と言葉、文と文、段落と段落などがどのような意味でつながっているのかを、正しく読み取ることができます。

※説明的文章、文学的文章とも、指示語・接続語を的確にとらえて読み取るようにします。

順接	前に原因・理由、後に順当な結果が続く	だから・そこで・したがって　など
逆接	前の内容と後の内容が逆の関係にある	だが・しかし・ところが　など
並列・添加	前の内容に並べたり付け加えたりする	それから・また・しかも　など
説明・補足	前の内容を説明する、理由を述べくわえる	たとえば・ただし・なぜなら　など
対比・選択	前と後の内容を比べる、どちらか選択する	あるいは・または・もしくは　など
話題転換	前とは話題や内容が変わることを示す	ところで・さて・では・ときに　など

1 指示語・接続語をおさえる

合格点 80点　得点　　点　　月　日　　解答→P.69

次の文章を読んで、あとの問いに答えなさい。

世界でもっとも広い大洋は太平洋です。

プレートとは、地球の表面をおおっている岩盤のことで、何枚にも分かれています。プレートが生まれるのは海洋の底で、海嶺から生まれます。

海嶺から約一年に一センチメートルずつプレートがひろがっていきます。プレートがひろがっていくと、世界のあちこちの海底で新しいプレートが生まれているということになります。

これは大西洋をつくった③中央海嶺も同じです。海嶺では、海水にひやされて玄武岩という溶岩からできた岩ができます。大陸をのせたプレートは海嶺から離れて、南米の海岸まで運ばれてきます。別の海嶺ができて、そこでも溶岩が上がってきます。そうして、別々の海嶺が大陸をのせて運んでいくうちに、大西洋が割れて、両側の大陸が冷えて固まり、その後も溶岩が上がってきます。そうして、別々になってしまった二つの大陸は、アフリカとアメリカのように遠く離れてしまったのでしょう。

②　　　、大西洋をつくったこの海嶺は、大陸を割れ目の前にアフリカとアメリカのように溶岩が上がってきて、大陸を割ってしまったのでしょう。それが割れて離れ離れになって、大西洋ができてしまったのでしょう。大陸は、大昔は一つだったのです。

地図を見て、アフリカの西海岸と南アメリカの東海岸がジグソーパズルのようにぴったりの形をしているのがわかるでしょう。南アメリカ大陸とアフリカ大陸は、大昔は一つの大陸だったのです。それが割れて、今のような形になったのでしょう。大西洋は大昔は大陸だった［ Ｂ ］。

約一億年ごとに大陸を見て、アフリカとアメリカの両大陸の先祖が見られます。

①　　　、同じ海に溶岩が上がってきて、大陸を割ってしまった［ Ａ ］。

（島村英紀「地球がわかる50話」）

＊海嶺＝海底にある山脈。　＊玄武岩＝岩の種類のうちの一つ。
＊プレート＝地球の表面を作る岩や土。

(1) ［Ａ］・［Ｂ］に入る接続語として最も適切なものを次から選び、それぞれ記号で答えなさい。（20点×2）

　　ア　たとえば　　イ　つまり　　ウ　しかし　　エ　または

　　　　　　　　　　　　　　　　　　Ａ［　　　　　］　Ｂ［　　　　　］

(2) ──線①「大西洋はこうしてできた海なのです」とありますが、次のア〜オを、大西洋ができた順に並べ替えなさい。（20点）

　　ア　割れて二つになった大陸の間に海嶺ができた。

　　イ　溶岩が固まり、二つになった大陸の間にできたすきまを埋めた。

　　ウ　海嶺から溶岩が上がりつづけ、二つに別れた大陸が離れていった。

　　エ　地下から溶岩が上がってきて、一つだった大陸を二つに割った。

　　オ　すきまに海水が流れ込んで、海ができた。

　　　　　［　　　→　　　→　　　→　　　→　　　］

(3) ──線②「これ」は、どういうことを指しますか。文中の言葉を使って三十五字以内で書きなさい。（20点）

（解答欄）

(4) ──線③「プレート」について、文中ではどのようなものだと書かれていますか。それを説明した次の文の［Ｘ］・［Ｙ］に入る言葉を、文中からそれぞれ二字で抜き出しなさい。（10点×2）

　　・上がってきた［Ｘ］が冷えて固まってできた、新しい［Ｙ］。

　　　　　　　　　　　　　　Ｘ［　　　　］　Ｙ［　　　　］

－ 3 －

次の文章を読んで、あとの問いに答えなさい。

（1）□□に入る言葉を文中から二字で抜き出しなさい。（10点）

「仕事を探す必要はない。」これは、ある仕事をしている人のことばです。後者のような自分を増やしていくためには、自分で仕事を増やしていくしかないのです。

自分が組織のなかでどういう位置にいるのかを判断して、そこから自分の意味だけを考えている人と、「私が引き受けるべきことは何だろう……」と考える人との差が出てきます。

両者の差というのは、「受動的な姿勢」と「自発的な姿勢」の違いだといえます。

誰かに仕事を頼まれたときに、「別の仕事に追われているのに、またこんなことを頼まれて大変だ」という受け身の状態で受けるのと、「あの人から言われたのなら楽しくやってみよう」「これは自分にとってプラスになる」と考えて引き受けるのとでは、ストレスのかかり方がまるで違います。誰かに仕事を頼まれるということは、「あなたにはこの仕事を乗り越えられる力がある」と思われているということ。その信頼を感じられる人は、仕事そのものを楽しめるでしょう。

新たな課題が見つけられるかどうか。それは自分の見える役割を引き受ける見方が増えているようだ。

（齋藤孝「35歳のチャレンジをトライをして楽しく」）

合格点 80点
得点 点
解答⇒P.69
月 日

－4－

（2）――線aとありますが、なぜストレスを感じないのですか。文中の言葉を使って書きなさい。（10点）

［　　］

（3）――線bについて、次の各問いに答えなさい。

① 「受動的」「能動的」と同じ意味で使われている言葉を、文中からそれぞれ二字で抜き出しなさい。（10点×2）

受動的 ☐☐　　能動的 ☐☐

② 「両者の差」が「受動的か能動的かというだけでは」ないのはなぜですか。それを説明した次の文の X ・ Y に入る言葉を、文中からそれぞれ七字と十一字で抜き出しなさい。（10点×2）

・「仕事が増えた」と思う人は X だけで物事を見ているが、「私がやります」と言う人はその仕事は Y だと判断しているから。

X ☐☐☐☐☐☐☐

Y ☐☐☐☐☐☐☐☐☐☐☐

（4）――線cとありますが、筆者の考える「仕事のできる人」として正しいものには〇、間違っているものには×を書きなさい。（10点×4）

① 仕事を自分の判断で増やし、それを楽しんでいる人。
② 人から頼まれた仕事を、たとえ無理でも引き受ける人。
③ 組織のなかで自分の立場が良くなる仕事を選ぶ人。
④ 組織のなかでの自分の役割を考えて仕事を引き受ける人。

① ［　　　　］ ② ［　　　　］ ③ ［　　　　］ ④ ［　　　　］

次の文章を読んで、あとの問いに答えなさい。

① 人が木を誤って取り扱うことがあるが、それは材料としての木を誤解しているためである。木材はたんなる繊維の総体であり、目的に合ったものだけが優秀だといえる。

② 以上のことは、「ある評価項目では最高位にあるが、別の評価項目では最高位にない」ということを証明している。そのように見れば、一番上位のものでも、別の評価項目によって評価が変わる。たとえば、強さを優秀さと感じるが、保温性や重量的には中位の成績というものが、最高位の物理的性質を証明する用途には、その木が最優秀だといえる。

③ 総合的な評価のタテ軸だけを通してみて、その上下に偏差値があるとしても、その人たちがヨコに並べて最優秀だとは限らない。

（A）だから、そういう人たちが占めているのは、社会構成上優秀な役割を与える要素があるにすぎない。

（B）天才の社会的役割を考えると、頭の回転が速いとか成績が優秀だとかいった人間の判断する特性が、（C）偏差値が上位にいる人たちが最優秀とは限らないように、あのように危険すぎるといったバランスの崩れた人間というものがあるように、（D）頭の回転が速いというだけで浮かんでしまうというのは無理がある。

雄な構造を持つというのは、その人は人間として複雑な……

（小原二郎「木と日本文化」）

(1) ①段落の話題として最も適切なものを、次から選び、記号で答えなさい。

3

段落相互の関係をつかむ

合格点 80点
得点 　　点
解答⇒P.69
月　　日

ア 木が優れた材料であることを理解する人が少ないということ。

イ 木は優れており、どの性能をとりあげても最優秀だということ。

ウ 木が優秀であることを数量的に証明することは難しいということ。

エ 木は項目別では優秀でも総合的に見ると優秀ではないということ。

(2) ①段落と②段落との関係を述べた文として最も適切なものを次から選び、記号で答えなさい。(20点)

ア ①段落で述べた内容について、②段落で具体例を挙げて説明している。

イ ①段落の内容について、②段落で反論し具体例を挙げて説明している。

ウ ①段落で説明した内容に、②段落でさらに説明を追加している。

エ ①段落で一つの話題を述べ、②段落では話題を転換している。

(3) □□□□に入る言葉を文中から四字で抜き出しなさい。(20点)

(4) 次の文は③段落から抜き出したものです。どこに戻すのが適切ですか。文中のA〜Dから選び、記号で答えなさい。(20点)

・だが実際に世の中を動かしているのは、各軸ごとの成績は中位でも、バランスのとれた名もなき人たちではないか。

(5) ③段落の説明として最も適切なものを次から選び、記号で答えなさい。
(20点)

ア ①段落と②段落で述べたことをまとめ、結論を述べている。

イ ②段落にさらに反論する形で①段落で述べた内容をまとめている。

ウ ①段落と②段落で述べたこととは別の内容について説明している。

エ ①段落と②段落で述べたことを発展させ、筆者の考えを述べている。

次の文章を読んで、あとの問いに答えなさい。

ボールペンの構造にあるように、その先端のボールが組み合わせの先頭に組み込まれていて、そのボールが落ちてしまうことはないのだろうか。

ボールは直径○○ミリくらいのボールで、ボールペンのペン先のパイプのような部分に半分以上が捕入した状態のボールの、三分の二以上がパイプの部分からボールを半分以上にしてしまうようだ。そのペン先に落ちるようにしてあるのだ。

①走行する車のタイヤの回転のように、そのボールへのインクの供給を受けて、ボールが回転するから字が書けるのだというが、そのインクを供給するしくみが、②精密構造を念頭に設計されているからだ。そのボールへのインクの供給するしくみがあるからだ。それだけあってはいけないのだが、その穴がほとんど半分以上の部品のだろう。

ボールペンの単純なしくみだけに誘われて、ボールのころがりだけで線が引けるというのは、時速○○キロで走る車のタイヤのように、精密構造を念頭に設計された部品なのだ。その精度はすごいものだ。

たとえばボール一つとっても、その精度はすごい。ボールがペン先から抜け落ちることがあってはならないし、③「超」という字が出てきてしまうのが変形する部品の質やきの問題もある。

④催し物などには、多くの会場で無料の万年筆などの精密構造もあるという。

高級デパートの完工品だけがボールペンの加工にかけて、部品だけでなく、形も大きさも質が落ちてしまう摩擦で質が悪いためにもうまく動かないのだろう。

（小関智弘「道具にヒミツあり」）

－ 8 －

(1) この文章の話題を文中から八字で抜き出しなさい。(10点)

(2) ──線①とはどのような構造ですか。それがわかる部分を文中から探し、初めと終わりの四字をそれぞれ抜き出しなさい。(10点)

				〜				

(3) ──線②とありますが、精密につくらなかった場合、どのようになりますか。その原因がわかるように、文中から三つ抜き出しなさい。

(10点×3)

[　　　　　　　　　　　　　　　　　　　　　　]

[　　　　　　　　　　　　　　　　　　　　　　]

[　　　　　　　　　　　　　　　　　　　　　　]

(4) ──線③の「三つの部品」を、文中からそれぞれ四字以内で抜き出しなさい。(10点×3)

				・					・				

(5) ──線④とありますが、これはどのようなことを述べるための例ですか。文中の言葉を使って書きなさい。(10点)

[　　　　　　　　　　　　　　　　　　　　　　]

(6) この文章の結論として最も適切なものを次から選び、記号で答えなさい。(10点)

ア 普段使っているボールペンにも道具のフシギが隠されている。

イ 高級なボールペンを調べれば道具のフシギを知ることができる。

ウ ボールペンの構造はシンプルで誰でもまねることができる。

エ 最近のボールペンはボールが動かなくなるなど、不具合が多い。

[　　　　]

次の文章を読んで、あとの問いに答えなさい。

「①どうしてあんなにゆっくり見えるのかな。」

「どういうこと？」

綾子は芽太のへんてこりんな気持ちを、気持ちを落ちつけながら、まん丸い顔を見ていた。

「ほら、あすこに北斗七星が見えるでしょう。ひしゃくの形をした北斗七星が。」

「あっ、ほんとだ。」

綾子は芽太の指さす方をたしかめた。

「あれは北西の方角を指しているんだ。つまり、あれは東の方にうごいていくんだよ。」

「そうなの。」

「知ってる？天の川は銀河っていうんだよ。きらきらかがやく星が三つあるだろ、そのあたりに。」

「見えるわ。」

芽太が、②____。

芽太の会話が多すぎて、綾子はくらくらしそう。

「ぼくちょっと星を見てくる。」

芽太が③親切に会話を聞いているから、わからなくなりそうだった。

綾子は、「セロハン紙をはっている懐中電灯をもってきなよ。」

「どうして？」

「赤いセロハン紙をつけた懐中電灯は、星座早見盤を見るときに使える懐中電灯だから。」

盛りだくさんに見える星座がわかる仕組みだ。それがわかると綾子は二十七日の夜に見える星座を早見盤で照らした。

星座早見盤には月日と時間の横へ、ペン先ぐらいの穴があいている。その穴に紙を当てて、その夜に見える星座が

迷わず懐中電灯をつけた。赤いセロハン紙をはりつけた懐中電灯を。

円盤のように、月と地球をてらしだした。

（横山充男「星人げんき」より）

(1) この場面に登場する人物の名前を文中からすべて抜き出しなさい。(15点)

[　　　　　　　　　　　　　　　　　　　　　　　　　]

(2) この場面の「月日」と「1日の時間帯」を表した言葉を、それぞれ抜き出しなさい。(15点)

[　　　　　　　・　　　　　　　]

(3) ――線①「わからないよ」②「わからない」とありますが、何がわからないのですか。最も適切なものを次からそれぞれ選び、記号で答えなさい。(10点×2)

ア 北斗七星　　イ 天の川　　ウ 三つの星　　エ 星座早見盤

①[　　　]　②[　　　]

(4) 綾子さんはどのような人物として描かれていますか。次の文の□□に入る言葉として最も適切なものをあとから選び、記号で答えなさい。(10点)

・天体観測の経験が浅い愛梨に対して□□態度をとる人物。

ア 無愛想な　　イ 高圧的な
ウ 落ちついた　エ なれなれしい

[　　　]

(5) 幸太はどのような人物として描かれていますか。次の文の X ・ Y に入る言葉を、文中からそれぞれ六字と二字で抜き出しなさい。(10点×2)

・ X な態度をとっているが、本当はとても Y な人物。

X [　　　　　　]　Y [　　]

(6) ――線③「赤いセロハン紙」に表れているものについて説明した次の文の□□に入る言葉を書きなさい。(20点)

・□□という幸太の配慮。

[　　　　　　　　　　　　　　　　　]

次の文章を読んで、あとの問いに答えなさい。

教会の讃美歌だった。水夫の歌のあいだに、天使の歌のようなおだやかな美しい歌が聞こえた。それは自分だけが聞いているのだろうか。③それは、おれひとりだけに聞こえてくるのか。

おれには③歌が聞こえてくる。だが、それはおれひとりのためのものだ。おれのほかにはだれも聞いていないらしい。みんな、天使たちが歌を聞いているというのに、④気がつかないのだろうか。

歌っているのはナンシーだ。自分の耳を疑いました。

声に出して、歌をうたっているわけではありません。調子のくるった声ではなかった。歌は人間の肉声でした。周囲には波の音しか聞こえません。その歌は空気の振動として、おれの耳にとどけられるのではない。その歌は、心に直接つたわってくるのだ。

歌っているのはナンシーだった。

心の中で歌っているのだ。それも、大きな、りっぱな歌なのです。

その歌を、手や足をバタバタ動かしながら、水の中から必死で、神に祈りをささげているだけなのか。いや、ちがう。あの美しい歌は、死にのぞんでいる人間のものとは思えない。

その歌声は、秋の夜の霧のなかから投げだされてくるのだろうか。

乗っていた船が沈んだ夜、ナンシーは霧の夜の海のなかで死んでしまったのだろうか。

[乗っていた船が沈んだ夜、ナンシーは霧の夜の海のなかで死んでしまったのだろうか。]

6 心情を読み取る

合格点 80点

得点　点

解答→P.70

唱だって、とてもこんなに美しくはありません。葉さきも、つかれも、どこか
くふっ飛んでしまって、かれはまったく生き返ったような気分になりました。

（山本有三「くちぶえに歌を持て」）

(1) ——線①とありますが、その理由を文中の言葉を使って書きなさい。

（30点）

[　　　　　　　　　　　　　　　　　　]

(2) ——線②とありますが、その理由を文中から二十九字で探し、初めと
終わりの四字をそれぞれ抜き出しなさい。（20点）

[　　　　　]～[　　　　　]

(3) ▢ に入る言葉として最も適切なものを次から選び、記号で答えなさ
い。（10点）

ア がっかりした　　イ しくみした

ウ うんざりした　　エ うきうきした

[　　　　　]

(4) ——線③とありますが、このときのマッケンナの気持ちを表す言葉と
して最も適切なものを次から選び、記号で答えなさい。（20点）

ア 希望　　イ 興奮　　ウ 諦め　　エ 恐怖

[　　　　　]

(5) ——線④とありますが、このときのマッケンナの気持ちを別の言葉で
表した部分を文中から十字で抜き出しなさい。（20点）

[　　　　　　　　　　]

次の文章を読んで、あとの問いに答えなさい。

太やと悲しみと息子の亮太は亡
頭の中の考えがわからないのだろうか……と声をかけたくなるが、
私は圭子の亮太は亡き妻の圭子に似てきた
「私と息子の亮太を結んでくれ。
先生と一緒になって亮太の書道の作品を探してファイルを覗き込んでいる亮①。

　売れ残りの五枚のために。圭子に会わせてくれ。美嘉の

　売れ残りの三枚を頼む残った三枚のために。
── A ──と声をかけたのに、そのかいもなく私自身のために。

〈 B 〉

　最後の一枚があった。
いなかった。六年一組だった。
松山圭子──間違いない。
山手〈一問違いだ〉間違いない。絶対に。

　半紙に大きな字で〔希望〕
希望が圭子のものであるという。

「あぁ、これ、お母さんだ。お母さんが書いた字だよね」

「お母さんだよ……」
「そうだったよね。お母さんが書いた字だよね」

いのだから。自分の人生の、正月に、中学
お母さんの人生へ。それは圭子の春を
お母さんの四十歳前に甲子
がれてはいく。それは圭子の胸に
所懸命に書いた字な
「……

解答→P.71

7　主題をつかむ

合格点 80点　得点　　点

月　日

亮太は　C　文字を撫でる。それを見ていると、私の胸もじんわりと熱くなる。

（重松　清「希望ケ丘の人びと」）

＊美嘉＝亮太の姉。

(1) ――線①とはどういうことですか。文中の言葉を使って書きなさい。（20点）

[　　　　　　　　] こと。

(2)　A　に入る言葉として最も適切なものを次から選び、記号で答えなさい。（20点）

ア　あったぞ、あったんだよ、亮太

イ　どうしてまだ見つからないんだ！

ウ　あるよ、あるある、絶対にあるから

エ　お母さんの作品、そんなに見たいか？

[　　　　　　]

(3)　B　に入る言葉として最も適切なものを、文中から二字で抜き出しなさい。（20点）

[　　|　　]

(4)　C　に入る言葉として最も適切なものを次から選び、記号で答えなさい。（20点）

ア　疲れたように　　　イ　恥ずかしそうに

ウ　悲しそうに　　　　エ　いとおしそうに

[　　　　　　]

(5) この文章で中心に描かれていることとして最も適切なものを次から選び、記号で答えなさい。（20点）

ア　母親の作品を見つけることで、母親との思い出に浸る亮太の姿。

イ　妻の作品を見つけることで、妻に対する思いをめぐらす「私」の姿。

ウ　母親の作品を見つけることで悲しみから立ち上がろうとする亮太の姿。

エ　妻の作品を見つけることで、子育てをがんばろうと決心する「私」の姿。

[　　　　　　]

次の文章を読んで、あとの問いに答えなさい。

筆者は「小説を書くときに好きなところはどこか」という質問に、「自分の場合、手紙で（きちんと書こうとして）書いた文章のほうが、直接会って伝えるより正直だと考えている。」そういう人も好きだと思う。一番正直だと答えられる。手紙という形に託すことができる、①＿＿＿気持ちだ。自

最近、若い人が「何か」「何かから見つけた」と言い続けている。その「何」から見つかったら、その「何」が見つかったと言い続けている。「何」から、と言うように。その「何」が見つかったら私の意見だ。やはり「だけ」で見つけたのは何か。採すのは何か。完成があるのだろうか。

彼らのいう感覚がそうだろうか。なぜなら「だけ」でだ。[C] を聞きながら言うのか。理解しやすいのは音楽だろう。絵や音楽はそのものだけだが、小説はそうではない。その種の質問をする人は多い。

絵を描くのは、[B] だ。なぜなら「ぼく」のイメージを絵や音楽は形にして湧き出てくる。ただ、身体の中から湧き出てくる「ぼく」が描かれているのだ。「ぼく」の絵を描いて出すためには多くの……。

身体の中から湧き上がるものを書くのは、無神経のようにイメージを描写しているのではない。想像力の欠けた人へ書いて気づいてほしい。「同じ」②そのものだ。それぞれのその人一人の「同じ」だ。

私がなぜこれを書いているのか、という [A] 冒頭の質問に匹敵する私は考える……

で、その「何か」を夢く好きなのだから。抑えようとしても、湧いて出てきてしまうのだから。

（鷹沢　萌「きっかけなどない」）

(1) ――線①とはどういう意味ですか。最も適切なものを次から選び、記号で答えなさい。（10点）

ア　手渡したかった　　イ　探したかった

ウ　表現したかった　　エ　聞いてみたかった　　　　［　　　］

(2) ――線②について説明した次の文の X ・ Y に入る言葉を、文中からそれぞれ五字で抜き出しなさい。（15点×2）

・ただ自分の中から X だけというまったく Y りについて、改めて訊こうなこと。

X ［　　　　　］　　　Y ［　　　　　］

(3) A ～ C に入る言葉として最も適切なものを次から選び、それぞれ記号で答えなさい。（5点×3）

ア　おそらく　　イ　たとえば　　ウ　だから　　エ　だが

A ［　　　］　B ［　　　］　C ［　　　］

(4) 筆者は「小説をはじめたきっかけは何ですか?」という質問に、何を感じていますか。文中から十一字で抜き出しなさい。（15点）

［　　　　　　　　　　　］

(5) 筆者はなぜ小説を書いたのですか。文中の最後の段落の言葉を使って「『ことば』が」に続くように三十字以内で書きなさい。（30点）

「ことば」が
［　　　　　　　　　　　　　　　　　　　］
［　　　　　　　　　　　　　　　　　　　］

次の文章を読んで、あとの問いに答えなさい。

① 満員電車に乗ってくる。押されて、何千何万の通勤者たちが、缶詰めの前の無言、無表情。それは[A]の[B]ものです。

② いなくなっている。そういう不快な無言を数えられないほど経験している。私たちは、押しのけて乗ってくる人気味でいる例外だという気がするのだ。ひとりひとりが押しのけられている人間としていることにおいて、これはいってよい。何千何万の通勤者たちが、缶詰めの前の無表情。それは黙々としていることにおいて、むしろ無言、無表情です。

③ 同じ無言だけれど、押しのけてくる中年からの経験する。ある階段を上がると、突然にぱっと止まるのである。突然である。例えばエスカレーターのおくの方から、すっと巨大な持ちのいいモーターの変化もなく移動する人々は黙っている。それがぱったりと止まると、逆に奇妙な無言を感じる。ひとりひとりの人間のもっている巨大な無言を感じている。それは、そんなふうに移動する人々だけれども、いるときには黙っている。それが止まるとき、逆に、ひとりひとりが押されている人間として、満員電車から押し出される際のように、私たちは動くのだ。

(加藤秀俊「日本人の周辺」)

(1) ――線①「いのようにはならない。」とは、どのようなことですか。最も適切なものを次から選び、記号で答えなさい。(10点)

ア 満員電車で終点になると、何千何万の通勤者が、押されるように降りること。

イ 何千何万の通勤者が、押し合うようにして乗ってくること。

ウ 満員電車から、われがちに降りるようにすること。

エ　人間のかたまりのまん中を貫通して、巨大なモグラが動くように、人が移動していくということ。

［　　　　　］

(2)　──線②の意味として最も適切なものを次から選び、記号で答えなさい。(10点)

ア　非常に少ない　　イ　非常に多い

ウ　ちょうどよい　　エ　あいまいな

［　　　　　］

(3)　──線③・④と反対の意味の言葉を、①段落からそれぞれ抜き出しなさい。(10点×2)

③［　　　　　　　］　　④［　　　　　　　］

(4)　Ａ・Ｂに入る言葉を、文中からそれぞれ三字以内で抜き出しなさい。

Ａ □□□　　Ｂ □□□　(10点×2)

(5)　──線⑤とは、どのような場合ですか。文中の言葉を使って書きなさい。(10点)

［　　　　　　　　　　　　　　　　　　　　　　　　　　　　　　　　　　　　　　　］

(6)　──線⑥とありますが、どのような感じがして変なのですか。それを比喩を使って表した三十五字以内の言葉を探し、初めと終わりのそれぞれ五字を抜き出しなさい。(10点)

□□□□□ 〜 □□□□□

(7)　──線⑦は、どのようなことを指していますか。文中の言葉を使って書きなさい。(10点)

［　　　　　　　　　　　　　　　　　　　　　　　　　　　　　　　　　　　　　　　］

(8)　この文章から読み取れる筆者の意見として最も適切なものを次から選び、記号で答えなさい。(10点)

ア　満員電車に乗って押しつぶされるのは大変なので、歩いたほうがよい。

イ　満員電車を避けるためには、互いに通勤時間をずらしたほうがよい。

ウ　満員電車などに乗っているときは、互いに笑顔でいるほうが気持ちいい。

エ　満員電車などから降りるとき、無言で人を押しのけるのは好ましくない。

［　　　　　］

次の文章を読んで、あとの問いに答えなさい。

　石の文化は、ヨーロッパ、西アジア、中近東など石造建築の発達した地域を中心として、人類の文化の主役を演じてきた。石は自然条件にめぐまれるところから、石器時代の石斧やドルメン、ピラミッド、ギリシア・ローマの石造建築・石彫刻まで——。□[1]

　日本列島は海に囲まれた島国として、東海の流れに始まり、木材という材料にめぐまれる地理的特殊性から、石の文化よりも木の文化a□[2]

　それは、岩石のある自然条件にめぐまれるところから、九州にこれらの地理的条件が集中しているからだ。九州の石材が、日本列島の最先端として朝鮮・中国の影響を受け、最初の石造彫刻をつくった。阿蘇山、雲仙、霧島、桜島の溶岩の流れを求めて、九州の他に例を見ぬ石人・石馬は南九州の古墳として最古のもの。ナゾの田の神、石の神々の最古のもの。最古の弥生……[3]

　彫刻の地として、その九州に石造美術や石仏が多い。日本の石造彫刻をさかのぼると、古代から近代まで連続して存在し……籠石・画石……絵・音……[4]

　海峡を渡り、眼がね橋として重要な石造橋が日本列島のヨーロッパの石材の伝統を受けつぎ、新しい石の文化を集大成したのが九州であり、明治以後から古代への石の文化の典型であるが、水道橋である石造橋としては大型で、この例外は日本にはなく、九州の……江戸に知られる通潤橋を関門として、弘法のみが知られる九州大仏、石の彫刻。

（源　了圓「『眼鏡橋』が語る近代の舞台　江戸」）

- 20 -

(1) ――線aの意味として最も適切なものを次から選び、記号で答えなさい。（5点）

ア 中心にして　　イ 柱に刻みつけて

ウ 理想として　　エ 仲立ちとして　　　　　　　［　　　］

(2) ――線bとありますが、なぜ日本では木の文化が主役を演じたのですか。その理由を一つ、文中から抜き出しなさい。（12点×2）

［　　　　　　　　　　　　　　　　　　　　　　　　　　　　　］

［　　　　　　　　　　　　　　　　　　　　　　　　　　　　　］

(3) □に入る接続語として最も適切なものを次から選び、記号で答えなさい。（5点）

ア たとえば　　イ だから　　ウ なぜなら　　エ しかし　［　　　］

(4) なぜ九州に石の芸術や建造物が存在したのですか。その理由を一つ、文中の言葉を使って書きなさい。（12点×2）

［　　　　　　　　　　　　　　　　　　　　　　　　　　　　　］

［　　　　　　　　　　　　　　　　　　　　　　　　　　　　　］

(5) ――線cといえるものは、何ですか。文中から抜き出しなさい。（12点）

　　　　　　　　　　　　［　　　　　　　　　　　　　　　　　］

(6) 次の文は、どの段落について述べたものですか。それぞれ段落の番号で答えなさい。（5点×4）

① 九州に石の文化が発達した理由。　② 眼鏡橋の価値。

③ 石の文化が主役の世界と、木の文化が主役の日本。

④ 九州にある石の芸術、建造物。

①［　　　］　②［　　　］　③［　　　］　④［　　　］

(7) 次の意味にあたる言葉を、文中からそれぞれ二字の漢字で抜き出しなさい。（5点×2）

① 続いて絶えない様子。　② 取り入れること。

①［　　｜　　］　　②［　　｜　　］

次の文章を読んで、あとの問いに答えなさい。

「テレビやコンピューターの画面を見ていて、ある場面で〔①〕な気がすることはないだろうか。たとえば、こういうのはどうだろう。ある人が困った立場に追いこまれている。その人にほかの人が助け舟を出すために何かを言う。すると……。」

困った立場に追いこまれている人が、〔②〕両者を併用し、「くちゃくちゃ」と「えへへ」という無意識の心理、民族的な、無意味の「意味」、私は何かほっとした気分になる。

この微笑は論理を超えている。微笑を浮かべているのは何か。それは意味がないように見える。しかし、それは何かの意味をもっているのではないか。まさに「無意味」が意味をもっているのである。

私はこの微笑を「伝統的なエチケット」と言ってみたい気がする。正面から言うことが困難な場合、勇気のようなものだ。勇気がなかったら、この微笑は出てこない。

世界中が嘲笑やからかいの渦中にあるとき、悪魔の跳梁を払うために、音楽会の開演前の聴衆は、漫画の好きな人が留飲を下げるように、この微笑をもって威風を示したのではあるまいか。

後者の場合、みな微笑を連発する中で、決然と微笑を払い、威圧を感じさせるような、そういう日本の社会は、

ホモ・ルーデンスへと、私は思う。微笑というのは、日本文化であるとも言える。

（多田道太郎『日本文化』）

＊外道＝（仏教徒から見て）邪法の教え。異端。
＊跳梁＝はびこり思うままに行動すること。　　＊まつろわぬ＝服従しない。

(1) ――線①とは、具体的にはどういうことを指していますか。文中の言葉を使って書きなさい。(20点)

[　　　　　　　　　　　　　　　　　　　]

(2) □ に入る言葉として最も適切なものを次から選び、記号で答えなさい。(10点)

　ア　糸　　イ　たか　　ウ　目　　エ　口　　　　　[　　　　]

(3) ――線②とありますが、それはなぜですか。その理由が述べられている一文を抜き出しなさい。(20点)

[　　　　　　　　　　　　　　　　　　　]

(4) ――線③とは、どういう場合ですか。文中の言葉を使って書きなさい。(20点)

[　　　　　　　　　　　　　　　　　　　]

(5) ――線④の意味として最も適切なものを次から選び、記号で答えなさい。(10点)

　ア　格好の材料になっている。　　イ　ふさわしくない材料になっている。
　ウ　低俗性の原因となっている。　　エ　責任や罪となっている。　　[　　　　]

(6) 前半に述べられている無意味語と、後半に述べられている「エくり」という咳払いとは、どういう点で共通していると筆者は考えていますか。最も適切なものを次から選び、記号で答えなさい。(20点)

　ア　どちらも、年配の人間の使うものであるという点。
　イ　どちらも、話のきっかけをつくる一種の日本文化であるという点。
　ウ　どちらも、無意味な、人を威圧するものであるという点。　　[　　　　]

次の文章を読んで、あとの問いに答えなさい。

　消えてしまいます。

　録音・録画時代には、何が起きたかといえば（中略）演奏や演技、落語や声、文化「歌」も、外に記録を与えてくれるようになりました。「いつか」の意味が瞬間に固定され、新しい歌も、外に記録を与えてくれる。その外に記録された魂が語に完結するということは、落語として喋れない文字が喋れない文化が吹き込む文字である。

　文化が喋れない一方、文字が喋れない。文化があるためには、例えば演劇チーム〈は口から口へと伝える知識を受け継いで〉、文字化することは、録音・録画技術が進歩するのであって、録音・録画は一回限りのものであった。落語の役者も小道具も演出家のただ一つの状態を繰り返し読む人になるということは、①〈は口から口へと伝える〉②〈口伝えに固定する書き取ることは、権力を取っていったとき、人類の遺産として喋れない演出家の意志を繰り返し読む人であるから、舞台の上で演じる役者があるわけではありません。その構造が生きているだけではなく、その人の中に、③一人の人間が自分の中に、師匠が文字のない文章を、あとの知識を伝えるように知識を伝えるに基本で、落語も台本が基本です。落語も台本

　個人※記録して、そこから出してくる。現代では録音・録画の魅力が持っているが面白い。文化には数十年という歴史がありますが、文字の歴史の進歩であるのに対して、録音・録画は一回限りのものであった。落語は今でも文字化されない口伝えの世界に生きており、根本的な影響を与えるに過去の魂を一〇〇年...

つまり、同じ時間を共有するという意味が、変わってきたというふうにも言えます。

（黒崎政男「哲学者クロサキの哲学超入門」）

＊ユーズ＝使うこと。使用。利用。

(1) ――線①とありますが、これと同じ意味で用いられている言葉を文中から二字で抜き出しなさい。（20点）

□□

(2) ――線②とありますが、これに対して落語はどのようなものですか。「落語は」に続くように十五字以内で書きなさい。（20点）

落語は □□□□□□□□□□□
□□□□□□□□□□□

(3) ――線③は、どのような台本を指していますか。文中の言葉を使って三十字以内で書きなさい。（20点）

□□□□□□□□□□□□□□□
□□□□□□□□□□□□□□□

(4) □に入る接続語として最も適切なものを次から選び、記号で答えなさい。（20点）

ア ただし　　イ しかし　　ウ つまり　　エ ところで　　［　　］

(5) ――線④とありますが、その「影響」を「得たもの」についてまとめた次の文の X ・ Y に入る言葉を、文中からそれぞれ四字と五字で抜き出しなさい。（10点×2）

・落語や演奏などの「 X 」を Y できる便利さ。

X □□□□　　　Y □□□□□

〔秋田一改〕

説明文・論説文 ⑤

13

合格点 80点

得点　　点

解答 → P.72

月　日

次の文章を読んで、あとの問いに答えなさい。

手のいい気持ちを意識し、「個」の　　　　。「個」の世界を生きるようになると、自分と相手との関係によって生きることとなったとき、自分の世界に相手をつくるような関係になること。ただ自分の思いを通すのではなく、という自己主張をしては、相手に対して不満がたまるという単純にそれでは不満が思うように働きかけにくいなる。相手には相

（中略）

強い自己であるという状況や他者と見なす。それに対して、日本的な人間観である「互いに関わりのある非・西欧文化の端的にあらわすのが相互協調的自己観である。そのような独立的自己観は、社会的文脈と強く結びついており、その影響を受けないような独立的自己観は、相互に影響を受け、独立した自己は他者相個人の存在を

文化的な理学を提唱するそれが、文化を読んで、あとの問いに答えなさい。

カ人の多くは、男なとしても挙げる。その多くは、それに対して日本人の積極的「個」と対比させるたとえば、欧米文化という立場から、欧米文化という「独立的自己観」というように、アメリカ人の多くは、米文化における関係から、個々の人間関係を通じてだけでは、日本人の多くは、周囲に見られている自分というものを意識し、社会的な場面での自分自身の特性や能力を発揮し、自分自身の独立した「個」と対比させる社会的所属や地位という自分自身の特性や能力を発揮し、日本的自己観と対比させると、日本的自己観は相互協調的自己観のように見られるようなアメリカ人の特徴を挙げている日本固有の

なるように」など、相手を配慮しつつ、自分の思うところを伝えることにな
る。

（榎本博明『「みっともない」と日本人』）

＊ヘーゼル・マーカス＝スタンフォード大学教授。
＊北山＝北山忍。ミシガン大学教授。

(1) ――線①について説明した次の文の X ・ Y に入る言葉を、 X は
二十字以内で考えて書き、 Y は文中から十二字で抜き出しなさい。

(20点×2)

・欧米的な独立的自己観では、個人は X 存在であり、その行動は
自らの内面に従って決定されると考える。そして、自分の内的な能
力を開発し、納得のいく成果を残すことによって、自分の存在に誇
りを持つことができる。アメリカ人が個人に Y ことを求めるの
は、この自己観があるからである。

X [　　　　　　　　　　　]

Y [　　　　　　　　　　　]

－ 27 －

(2) ――線②とは、どのような傾向ですか。文中の言葉を使って書きなさい。

(30点)

[　　　　　　　　　　　　　　　　　　　　　]

(3) □ に入る接続語として最も適切なものを次から選び、記号で答えな
さい。(20点)

ア まして　　イ そして　　ウ だが　　エ そのうえ　　[　　]

(4) ――線③とありますが、これは独立的自己観と相互協調的自己観のど
ちらの自己観によるものですか。(10点)

[　　　　　　　　　　]

〔鹿児島―改〕

次の文章を読んで、あとの問いに答えなさい。

14 説明文・論説文⑥　合格点 80点　得点　点　解答→P.73

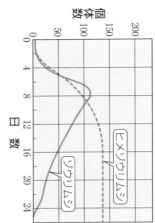

個体数　200　150　100　50　0
日数　0　4　8　12　16　20　24
ヒメゾウリムシ　ゾウリムシ

ヒットした曲「世界に一つだけの花」に、次のような特別な歌詞がある。

「ナンバーワンにならなくてもいい　もともと特別なオンリーワン」

この歌詞に対して、①二つの意見がある。

オンリーワンとは何か。オンリーワンとは特別な個性である存在のことだ。だれにでもそういう個性があるのだから、オンリーワンは大切にすべきだ。それはそれで良いのだが、そのオンリーワンという存在のことを、[A]という意見がある。

ナンバーワンを目指さなくてもいいのか。私たち社会は競争社会である。競争社会の中でナンバーワンになることは良いことだ。それぞれのオンリーワンがナンバーワンを目指すべきである、という意見もある。

生物たちの世界はどうだろうか。その生物たちの世界に良い意味での「競争社会」が存在するのだろうか。生物の世界に満足すべきナンバーワンを目指して努力する生物はいない。それに対して、明確な答えを持つ実験がある。

ゾウリムシとヒメゾウリムシという二種類のゾウリムシを同じ水そうで飼うと、ゾウリムシだけが生き残り、ヒメゾウリムシは共存することができないことがわかる。これが有名な「ガウゼの法則」と呼ばれるものである。

このゾウリムシのエサとなる水そうの中のバクテリアは一つしかない。そのエサをめぐってゾウリムシとヒメゾウリムシが争うと、最終的に水そうの中で[B]サシにえさであるナギキ・ナギ両種のゾウリムシが共存することにはならない。②このことがわかるのである。（図）

ナンバー1しか生きられない。これが自然界の厳しい掟である。

（稲垣栄洋「植物はなぜ動かないのか」）

(1) ——線①「二つの意見」をまとめた次の二文の X ・ Y に入る言葉を、文中からそれぞれ五字以内で抜き出しなさい。（10点×2）

・私たち一人ひとりは特別な X ある存在だから、それだけで意味があり、価値がある。

・私たち一人ひとりは競争社会の中で努力を続け、 Y を目指すべきである。

X □□□□□   Y □□□□□□□

(2) A に入る接続語として最も適切なものを次から選び、記号で答えなさい。（20点）

ア そして   イ そして   ウ しかし   エ また   ［　　　］

(3) ——線②「ガウセの法則」とありますが、どのような法則ですか。最も適切なものを次から選び、記号で答えなさい。（20点）

ア 生物の世界では、みんな平等に生きられるという法則。

イ 生物の世界では、個性的な特徴を持つものが生きられるという法則。

ウ 生物の世界では、ナンバー1しか生きられないという法則。

エ 生物の世界では、ナンバー1しか生きられないという法則。

［　　　］

(4) B に入る、図からわかる事実を、「ゾウリムシ」と「ヒメゾウリムシ」の二語を使って、二十字以上三十字以内で書きなさい。（40点）

□□□□□□□□□□□□□□□□
□□□□□□□□□□□□□□□□

〔熊本一改〕

次の文章を読んで、あとの問いに答えなさい。

小学五年生のワタルが、児童会選挙で児童会長に立候補したトジのおうえん演説をすることになった。演説の中で、ワタルが、トジのことを、トジと俺（比

「トジくんは、俺の友達で──」②

ジャンプしてみろって言われたら、何も言わずにジャンプするような。

相手の気持ちに落ちこんでいる時、さりげなく声をかけられるような。

トジへの悪口を言うやつがいたら、絶対にトジの味方をしてくれるような。

そんな友達思いのトジくんだから、絶対にトジに投票してほしいんです。

俺も、トジくんみたいな男になりたいです。

「ぼくは、トジくんが──」

俺がすらすら言えたのはそこまでだった。①照れちゃうように笑ったトジと目が合ったからだ。

俺が言うことは、別に頭の中であらかじめ考えていたわけじゃない。でも、するすると言葉が出てくる。

「すごいな、お前」先生の声が上から降ってきた。

A 笑いながら、先生が俺に向かって親指を立ててくれる。その場でサムズアップの形を返してくれるのが見えた。

先生の声が聞こえたのか、トジが、照れたように下を向いて笑った。

「ありがとな」大きなワタルの声に、

体育館の後ろは B 、先生が笑った。

先生が続けた。

……のワタルの声に負けじと、俺も体育館じゅうに響くような声で、最後の一文を背負った。

「ええと、だからね、トシちゃん」

後ろにいるトシに向けて、前を向いたままワタルは言った。

「トシちゃん、③どこに行っても何になってもうってくれよー」

そう叫んだ。

(辻村深月「ロードムービー」)

(1) ――線①のはなぜですか。文中の言葉を使って書きなさい。（25点）

[   ]

(2) ――線②とありますが、このときのワタルの気持ちについてまとめた次の文の X ・ Y に入る言葉を、文中からそれぞれ八字で抜き出しなさい。（15点×2）

・今のまま自分がトシに追いつけなくても、トシはそれでも X と言うかもしれないが、自分はトシに追いついて、トシの Y になって、ずっと友達でいたいと思った。

X　[　　　　　　　　　　　　　　　　　　　]

Y　[　　　　　　　　　　　　　　　　　　　]

(3) A ・ B に入る言葉として最も適切なものを次から選び、それぞれ記号で答えなさい。（10点×2）

ア 深々と　　イ しくと　　ウ じっと　　エ にっこりと

A [   ]　　B [   ]

(4) ――線③とありますが、このときのワタルの気持ちとして最も適切なものを次から選び、記号で答えなさい。（25点）

ア トシが将来何を目指そうとも、自分も負けずに大物になるという気持ち。

イ トシが将来どんな道に進もうとも、トシの友達でいるという気持ち。

ウ トシが将来外国に行っても、自分も追いかけていくという気持ち。

エ トシが将来眩しい人でなくなったら、嫌いになってしまうという気持ち。

[   ]

次の文章を読んで、あとの問いに答えなさい。

近所に住む大学生の絢一（二十歳）は、彼の慕ってくる翔（三歳）の兄弟が家に遊びに来た。絢一はその翔と遊ぶ約束をしていたが、ちょっとした用事で数日間、約束を忘れてしまう。ある日、翔が彼の家を訪ねたとき、絢一は家におらず、翔は幼子の足だけでこの家から彼の家まで重たい足をひきずりながら、おそらく一人でここまで歩いて来たのだろう。彼は「翔」の頭を撫でながら、彼の家を訪ねて来た。「翔」は一人だけでおそらくここへ来たのだろう。

（中略）

「翔」はただだまって歩きだした。三歳の翔は早足に歩けばすぐにへたばってしまう。彼は「翔」の歩く速さに合わせて歩いた。細い道を通って「翔」の家の方向へと歩いていった。「翔」はただだまっていた。彼は「翔」に何も言えなかった。約束を破ってしまったすまなさが重く彼の胸へとのしかかってきた。「翔」は約束を覚えていたのだ。「翔」は約束を忘れていなかった。「翔」の小さな足はだまっていた。

（中略）

綿みな毛木でつくりあげた小さな針が正面から「翔」の風のなかにつきささるように「翔」の小さな体へと向かっていくのがわからないのだろうか。

風はゆるやかに雪をはこんでくる。笑うと同じに、いつかおだやかに歩いていた「翔」の冷たい息が切れ切れに聞こえてきた。彼は足を早めた。「翔」はまだ歩いていたが、もう重たさだけが足へと伝わってくるようだった。かじかんだ手を彼はにぎりしめた。③びくともしない。

（中略）

「翔」は笑顔で彼の手をにぎりかえすのがわかった。彼は「翔」を抱きかかえるように肩車した。翔が舞まいあがるように翔ける。雪は羽毛の綿のようにおだやかに道をおおいつくした。

「翔」はそれからまわりをぼんやりと見つめていた。

― 32 ―

で、ミオが追いかけたとたんにふたりの影は遠ざかった。

（安東みきえ「針せんぼん」）

(1) ——線①とありますが、このときのミオについて説明したものとして最も適切なものを次から選び、記号で答えなさい。(30点)

ア 幼いふたりを裏切ったことにより、自分も何らかの罰を受けることになるかもしれないと、強い恐怖を感じている。

イ 自分に会いに来た幼いふたりの様子を思い浮かべては、早くそのふたりに会わずにはいられないと気が焦っている。

ウ 道が降りかかってくる危険に、ふたりの身を案じ、その危険を早く取り除いてやりたいと、落ち着かずにいる。

[　　　　　]

(2) ——線②とありますが、これはミオの「からだ」がどのような状態であることを表現していますか。それを説明した次の文の◯◯に入る言葉を、文中の言葉を使って三十字以内で書きなさい。(30点)

・冷えてこごえているせいか、からだが◯◯◯◯状態であること。

(3) ——線③とありますが、このときのミオの気持ちとして最も適切なものを次から選び、記号で答えなさい。(40点)

ア 吹きつける風雪があまりに痛くて、早く家に帰りたいと願う気持ち。

イ 吹きつける風雪が痛くても、負けずに前に進むと決心する気持ち。

ウ 風雪による痛みだけでなく、自分の行動が招いた結果に苦しむ気持ち。

[　　　　　]

〔稲田一改〕

次の文章を読んで、あとの問いに答えなさい。

おじさんが分けてくれたなすは、ほんとうにいろいろで、まっすぐなのやら、ちょっと曲がったのやら、また、とてもごつごつしたものまであった。

「へえ、こんな形をしているのか……」
私は、なすをまじまじと言ってしまった。

「そうだよ。野菜の形って、ちゃんと見たことあるかい？店でよく見るのは、一つのかたちばかりだろう？野菜の形や色が、みんなちがうってことを、ぼくは、この畑にきてから、初めて知ったよ。人が畑でていねいに育てていても、色も形もみんなちがう。でも、いちばん大事なのは、一つとして同じものがないってことなのかもしれないよね」

「そうなんだ。ちがっていいんだよね……」

おじさんは、人間だって、みんなちがってあたりまえなのに、みんなちがうってことを、受け取れないんだよなあ」

「ふーん。そうか、人間もみんなちがうのか、なすと同じなんだ」

「そうさ。ぼくがこの畑にきて、野菜から学んだことだけど、人間も、この自然の一部なんだよ」

「ふうん」

「うん。野菜だってね、一生懸命食べる。勝手だよね、人間のつごうで……」

「ふん。」問い、「そうだね。自分だけがいちばんだと思っていたのかもしれないね」

おじさんは、目をほそめた。

「どうしてそんなふうに思うんだ？」

B

「そうなのかな。他の命をもらって、ぼくは生きているんだよね。」

「ふん。そうなんだ……」

私は、なんだか、にんじんやなすが、ぼくに、なにか教えてくれたように、急に重く感じられた。
手にしたなすが、ずしりと重く感じられた。

（東 直子「『つ』の森の家」）

* おじさん＝「私」（なか）の母親が倒れて、近所に住む親せきの人。

＊とっこちゃん＝かなの三歳の妹。

＊間引く＝作物の十分な生長のため、密生した株を抜き取ること。

（1） A に入る言葉を文中から四字で抜き出しなさい。（10点）

（2） 文中の で囲まれた部分の「私」の心情について説明した次の文中の に入る言葉を、三十五字以内で書きなさい。（35点）

・ というおへルさんの話に感じ、ニンジンに妹を重ねて見ている。

（3） B に入る言葉として最も適切なものを次から選び、記号で答えなさい。（10点）

ア 愉快な　イ 真剣な　ウ 物悲しい　エ 腹立たしい　［　　］

（4） ──線について説明した次の文の に入る言葉を、十五字以内で書きなさい。（25点）

・「私」が、間引かれたニンジンにも　　　　　ということに気づいている。

（5） 本文の表現と内容の特徴として最も適切なものを次から選び、記号で答えなさい。（20点）

ア 二人の心情が丁寧に表現されており、それぞれの性格を明確にしている。

イ おへルさんの視点で描かれ、「私」の成長する姿を浮き彫りにしている。

ウ 会話が中心となっており、軽快な展開から命の大切さへと迫っている。

［　　］

〔長崎一改〕

次の文章を読んで、あとの問いに答えなさい。

は姉が目立たないそれが理由なのだが、しそのような形で届いたのは感謝した、しかし姉が庇うように私に近付いて来ないことなのだから、何度かもうあのような気がしたから、何故だか私は王子様だった。

（中略）

急に姉は、《姉》という言葉を見つめ直すような口元から、数人の老人に取り囲まれて、竹とんぼを示したのだった。中庭の反対側から、五歳年上の姉はその廊下を歩き、屈しない場所へ行くそれは、あるいは対照に気が付いたのだ。あの時私はそれを見つめていただけだったのだ。人間が人生を行くのは、自分が変わったのだ、それは自分が変わったのだ。

それなのに、あたしはただ十八になっただけだ、それはあたしの子供の頃だけだ、多分、あの頃だ、《姉》よりも、今度何度も呼ぶという風になったのはあたしだった。三十になってから、三十一になって、五十になった向こうの、何という差があるのだろう。

「あんた——」

私はそのわたしの唇を向かって向けた。私はあたしにわかったのだった。それはわたしの言葉を口にした。

「あんた、あたしのことに気付いている……」

私は大きくそうだったから震えた。

「——」

それはあたしが震える子供の頃と同じ。

王子様だった。何故だか私は。

の手袋をした手で撫でられているような思いを拭いきれなかった。だが、そうだったのだろうか。

手袋が姉の手にあったのではなく、④私の心に硝子の鎧があったのではないか。

（北村　薫「夜の蝉」）

(1) ──線①とありますが、どのような言葉だと考えられますか。ひらがな六字で書きなさい。（20点）

（解答欄）

(2) ──線②とありますが、どう思うようになったのですか。「立場」という言葉を使って、二十字以上三十字以内で書きなさい。（20点）

（解答欄）

(3) ──線③は、どのようなことを表していますか。それを説明した次の文の□に入る言葉を、十五字以内で書きなさい。（30点）

・それまで距離のあった姉の存在が、□□□こと。

（解答欄）

(4) ──線④は、どのようなことを表していますか。最も適切なものを次から選び、記号で答えなさい。（30点）

ア　私が幼く、姉に感謝するべきなのに逆に反発していたこと。

イ　私が姉の気まぐれな愛情表現を嫌い、避けていたこと。

ウ　私が姉を恨み、姉への不信感を拭いきれないでいたこと。

エ　私が口下手で、姉への好意を素直に表現できないでいたこと。

オ　私が姉の思いを受け入れられず、無意識に拒絶していたこと。

[　　　]

「お前、走るの速いよな！」

やけに真剣な情動だった。いや、昔、自分が抱いたレベルに速かったと思うけど、現実に誘われたら自分を誇らしく思える。本物のランナーに対する高揚感は嘘じゃない。□B□な賞金は実だ。たとえ賞金は欲しい。

けれど、賞金などに関係なく、あっ。週一のその日が、のみ楽しみなのか。

それに応えるような、やさしさに満ちた風だった、久喜が静かに──

「おれ、健吾から言われたとき、冗談かと思ったよ。本気なのかって、たしかめたかったんだ」

一週間後のその日、三人で自分の自分に挑戦してみたいのだと感じた。一人ぶつかるようになったら不安や恐怖じゃなく走れるかもしれないが。

「おれ、芳樹と言われながら言われて──」

世界に誘えるんだ。②芳樹は戸惑いを覚えながら、親友の後、ゆるやかに本物への信じて──

芳樹と言うと、
──と芳樹を驚かせた。コーチは走るのを、意外にもあっさりと久喜は言った。五十嵐五月女は関わっていた、久喜が笑顔で真剣さの真剣なのか冗談しているのか、たしかめたかったんだ。

「冗談きついよ？」おれの前で、①不意になめられているのか。コーチは「チームを──」久喜、五十嵐五月女が告げられた。

－38－

③それぞれ人々の情動で刺激的だ。
わくわくする。そわそわする。ひきひきする。

（あさのあつこ「チームＦについて」）

＊首肯＝納得して賛成すること。　＊誘われ＝同意され。

(1) ──線①「不意に」の意味として最も適切なものを次から選び、記号で答えなさい。（10点）

ア 思いがけず　イ 改まって　ウ 意味もなく　エ ふざけて

[　　]

(2) Ａ に入る言葉として最も適切なものを次から選び、記号で答えなさい。（15点）

ア ゆらり　イ するり　ウ びしり　エ ずしり

[　　]

(3) ──線②「芳樹は少なからず戸惑った」とありますが、それはなぜですか。「芳樹のマラソンランナーとしての能力」という言葉を使って、五十字以内で説明しなさい。（30点）

(4) Ｂ に入る言葉として最も適切なものを、文中の漢字一字で答えなさい。（15点）

(5) ──線③「わくわくする。そわそわする。ひきひきする。」とありますが、この時の芳樹の気持ちを、四十字以内で説明しなさい。（30点）

〔読〕

次の文章を読んで、あとの問いに答えなさい。

「①奏人がどうしてうちの科学部に入ったのか？」

「文だよ。」

奏人はどんどん話し始めたようだ。

「うちの父さんは科学者だって作ったんだよ。――俺はそれを早い段階から決めていたんだ。」

「お父さんの影響かぁ。」

「文さんのこと？」

「え。」

と、奏人は早い段階から決めていたんだ。

「奏人くんのお父さんは、何を作っている人なの？」

「普段は父さんは遊び用の手先が器用な人だったんだね――俺はその部屋の棚を、今考えるとすごい発明だと折り紙とか、家の棚を信じ

「車のエンジンだよ。」

マチの反応を受けて、奏人は十分に照れていた。その表情を見た琴葉は②

だが、マチがエンジンの技術者という意味だと受け止めていたようだ。科学者として、将来、科学者になりたいと思っている。だからこそ、俺も科学部に入ったのだ。

奏人に答える奏人の顔は、いつもより真剣な顔をしているように見えた。科学部が水曜と金曜に活動している間、その深くに感じている勇気を見せた。反省するのだけど、美人は

琴葉は＊運動部に違った科学部の活動で違った科学部の真剣な人たちに匂いがするような気がしていた。

＊運動部＝琴葉の所属する。

中途半端な気持ちではなく、ヨジレンの活動に真剣に入った科学部なのだからしっかりしているのだろう。それにしても、科学部に入るだけでそんなに勇気がいるものだろうか。それを見た琴葉は深く、ひとまず美人のことを考えた。

今日からは、家で石けんを見ても、ただ見るだけじゃなくて、きっと材料や作り方が気になるはずだ。それが、とても楽しい。③科学部に入ってよかったと、そのとき初めて思った。

（辻村深月「サクラ咲く」）

＊琴穂＝マチのクラスメート。

（1）——線①とありますが、奏人が科学部に入った理由を、二十字以上三十字以内で書きなさい。（35点）

（2） □ に入る言葉として最も適切なものを次から選び、記号で答えなさい。（20点）

ア 熟考して　　イ ためらいながら　　ウ 安易に

エ 嫌々（いやいや）　　オ 希望を抱（いだ）いて

[　　　]

（3）——線②とありますが、なぜですか。「から。」に続くように文中から二十五字以上三十字以内で探し、初めの五字を抜き出しなさい。（20点）

（4）——線③とありますが、マチがこのように思った理由を説明した次の文の □ に入る言葉として最も適切なものをあとから選び、記号で答えなさい。（25点）

・科学部に入ったことで、 □ と思えたから。

ア 日常生活を今までとは違った角度から見られるようになる

イ 親しい友人ができ学校生活がいっそう楽しくなる

ウ これまでの優柔不断（ゆうじゅうふだん）な自分とは決別することができる

エ 漠然（ばくぜん）としていた将来に科学者になるという道が見えた

[　　　]

〔熊本一改〕

次の文章を読んで、あとの問いに答えなさい。

今でもときどき旅に出ると写真を撮る。それらの旅の写真をながめていると、その頃の旅の様々な印象がよみがえる。旅をしながら写真を撮るのが好きだったが、その頃から旅の話を書くようになったかどうか、以前から様々な興味を

最近、私はそれらの旅の折々に記録した資料や記録を整理した。旅の折々に撮った写真を同じように私はそれほど大切に取っておくわけではなく、撮ったまま部屋の隅の木箱の中に飛び込ませるように放り込んでいただけだったが、その記憶はそのころ

ほど①遠い昔のそのような旅の印象を文章にして残しておきたいと思うようになっていた。まだ、旅行先などで撮った写真も多く残っていたが、整理しているうちにそれらを②取り出してみると

そういう人々の顔などのように判別しにくいものである。

地名などの写真は、その周辺にいた手がかりになる片付け仕事の古い写真の数々が、昔の東京の昔の街並み。あるときふと写真の名前も気がつかないように名前を書き込んでいるものもある。それらの写真はたいていその撮った土地の高射などのように思い出せない形容していて、多分その時々の長時間が弱まっていて、その記憶はあまり当時の西陽から開いたときのように速写真を二度と見ることなく、遠い昔のものがそれよりもそのときのなつかしく出会う都市に出会ったときのような明るさがやや薄らいでいる都会である。

などがある。それらは紛れもない、書斎でやみくもな、私だけができる過去への時間旅行なのであった。　　　（椎名　誠「笑う風　ねむい雲」）

(1) ――線①「古い写真のカタマリ」と同じものを表している部分を、文中から二十字以内で抜き出しなさい。（20点）

(2) ――線②「出くわす」の意味として最も適切なものを次から選び、記号で答えなさい。（10点）

　ア　偶然に行きあう　　　　イ　自然に思いつく

　ウ　正面衝突する　　　　　エ　不意打ちを食う　　　　［　　　　］

(3) 　　　に入る言葉として最も適切なものを次から選び、記号で答えなさい。（30点）

　ア　記録　　イ　風景　　ウ　感性　　エ　経験　　　［　　　　］

(4) この文章の内容を説明したものとして最も適切なものを次から選び、記号で答えなさい。（40点）

　ア　資料を整理していた筆者が、過去の写真を見ることで、作業が長時間滞ってしまい、後悔している様子を記している。

　イ　旅の写真を整理していた筆者が、過去の思い出と決別するために、長時間、過去の写真を眺めている様子を記している。

　ウ　多くの旅を経験している筆者が、新たな旅への意欲を高めるために、過去に撮った写真を見ている様子を記している。

　エ　過去に撮影した写真を発見した筆者が、気分の高まりを感じながら、過去の旅について、回想する様子を記している。

　　　　　　　　　　　　　　　　　　　　　　　　　［　　　　］

〔新潟〕

②

　私の娘(むすめ)はたんぽぽのわた毛をぷっとふくらませたような、ふわふわとあどけない、そしてきかんぼうな、伸子(のぶこ)という六つになる子である。

（中略）

　私はその砂糖をなめる者のいくたりかを見てきた。それはみんなすばらしい魅力(みりょく)を持っていたのだ。（中略）

　「もう、おかあさんたら！」と伸子が言う。「これがあんたの砂糖をなめないという決心かい」と私は言う。「いいの、ちっともなめたくないんだもん」と伸子が言う。（中略）

　「伸子ちゃんは、おりこうさんねえ」と私がほめる。私のほめようが足りないと、「だって、伸子ちゃんはとってもがまんづよいんだもん」と伸子がじぶんで言う。

　そのとき、私の胸(むね)には、温かい余裕(よゆう)をもって注意深く用意された一つの誘惑(ゆうわく)がある。「いいもの、あげようか」と私は言う。「なあに」と伸子はすぐに気がかりになる。（中略）

　筆者(ひっしゃ)は朝間から娘と二人きりで、一つのことを見てきた。それは、白砂糖をなめるという誘惑を、何度も何度も、伸子が自分で退けてきたということだ。

　その誘惑は、朝、伸子が起きたときから始まっていたのだ。そして、やがてそれは確実に伸子をとらえるだろうと私は思う。（後略）

次の文章を読んで、あとの問いに答えなさい。

22 随筆②

合格点 80点
得点　　点
解答→P.75

月　　日

「伸子さんのパン」とも言っている。　　　　　　　　　　　（幸田　文「うそとパン」）

＊バタ＝バターのこと。　　＊怜悧＝頭の動きが鋭いこと。賢いこと。
＊等鑽だて＝細かいところまで問いただすこと。

(1) ――線①とありますが、これを説明した次の文の X ・ Y に入る言葉を、文中の言葉を使ってそれぞれ七字と三字で書きなさい。

(25点×2)

・伸子さんが自分の弁当を食べようと X のに対し、最初は強く断っていたが、最後にはその誘いに Y こと。

X □□□□□□□　　　　Y □□□

(2) □ に入る言葉として最も適切なものを次から選び、記号で答えなさい。（20点）

　ア ちらちらと　　　イ さっと

　ウ じっと　　　　　エ はっと

［　　　］

(3) ――線②から、「私」がどのような思いでいることが読み取れますか。最も適切なものを次から選び、記号で答えなさい。（30点）

　ア 時間が経った今でも伸子さんのパンが「私」の支えとなり、自分を気づかってくれた伸子さんとその母親へ感謝していること。

　イ 「私」の空腹を満たしてくれた伸子さんのパンの味が忘れられず、家族に作ることでその味を伝え続けたいと思っていること。

　ウ パンにまつわる記憶をたどることで、伸子さんが「私」の弱さを指摘したことを忘れずにいつも初心に返ろうとしていること。

　エ パンを作ることによって家族の思い出がよみがえり、「私」が伸子さんとの友情とともに家族のつながりを実感していること。

［　　　］

［若手一改］

次の文章を読んで、あとの問いに答えなさい。

筆者が少年の頃、五年生になるまでは、店のすみ、小学四年生になるまでは、母親からもらった本の背表紙が大好きで、書店の角にあるその本の背表紙がよく見えていたほど大人になってしまうのだが……。

読み返したくなるような本が「いい本」だと気がついたのは、三十五歳になってからだった。それまでは「いい本」とは読み手に届くような本、書店で見かけると同時に手を伸ばしたくなるような本、あの頃の自分のように格好よく並んだ少年好きそうな本を取り上げては棚に戻し……といった格好つけた立ち方だった。

程度を質しながら、いつまでも流通しているような本のほうが残念ほど本がある。そのような本を出逢った回数が減る——「読んだことがある」という本に逢うことが多い本は、利用回数が引き立った。

本の背表紙がいかにリーズナブルで目立つかがある本は、日常的に利用するその本の中から何冊も読み、読んであるだけある。それは背表紙の選ぶ読んだ本——向けられた本はしてあるが棚に向けたもの、ベストセラー『いい本』ジャンルを見向けてしまうことだ。

「少年探偵シリーズ」に返されてしまい、小学高学年向けのコーナー——江戸川乱歩による『少年探偵シリーズ』の本である。これを確かめるためには書店の中に行ってページを見なければならない。その場面の面白さで、手にして取ってしまう本である。

——江戸川乱歩による『少年探偵シリーズ』の本は、立ち読みでもっと読んでしまう——江戸川乱歩による少年探偵団の物語であった。

重松 清「いつか読書する日」

（「少年少女のための本の背表紙」）

(1) 本文を前半と後半に分けるとしたら後半の始まりはどこからですか。文中から五字で抜き出しなさい。（10点）

（解答欄）

(2) ――線①とありますが、このときの「ぼく」の様子として最も適切なものを次から選び、記号で答えなさい。（10点）

ア　返事を何度もして駆けだしていく様子。

イ　返事を全くせず駆けだしていく様子。

ウ　返事を周りの人全員にして駆けだしていく様子。

エ　返事をし終わるか終わらないかのうちに駆けだしていく様子。

［　　　］

(3) ――線②とありますが、その理由をまとめた次の文の ____ に入る言葉を、文中から十三字で抜き出しなさい。（15点）

・書店で ____ から。

（解答欄）

(4) ――線③とはどういうことですか。二十五字以内で書きなさい。（35点）

（解答欄）

(5) ――線④の理由をまとめた次の文の X ・ Y に入る言葉を、文中からそれぞれ五字と十一字で抜き出しなさい。（15点×2）

・少年が過去の自分と同じように、 X の中から選び抜いて Y に巡り合えるであろうと思うと、共感が持てるから。

X（解答欄）

Y（解答欄）

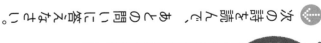

詩 ①

合格点 80点　得点　点

解答 → P.76

月　日

次の詩を読んで、あとの問いに答えなさい。

冬が来た

①きっぱりと冬が来た
八つ手（やつで）の白い花も消え
公孫樹（いちょう）の木も箒（ほうき）になった

きりきりともみ込むような冬が来た
人にいやがられる冬
草木（くさき）に背（そむ）かれ、虫類（ちゅうるい）に逃（に）げられる冬が来た

冬よ
僕（ぼく）に来い、僕に来い
僕は冬の力、冬は僕の餌食（えじき）だ

④しみ透（とお）れ、つきぬけ
火事を出せ、雪で埋（う）めろ
刃物（はもの）のような冬が来た

高村光太郎（たかむらこうたろう）

(1)

(2) ——線①とありますが、この詩の表現形式として最も適切なものを次から選び、記号で答えなさい。(10点)

ア　文語定型詩

イ　文語自由詩

ウ　口語定型詩

エ　口語自由詩

[　　　]

ら選び、記号で答えなさい。(15点)

ア　確かな冬の到来を宣言するとともに、それにひるまず立ち向かう自分の気持ちを表している。

イ　おだやかな冬の到来を告げるとともに、喜びを抑えきれない自分の気持ちを表している。

ウ　急な冬の到来を宣言するとともに、それに納得できずに批判する自分の気持ちを表している。

エ　危険な冬の到来を告げるとともに、恐れを抱き心配する自分の気持ちを表している。

[　　　　　]

(3)　──線②、③、④とありますが、これらに用いられている表現技法として最も適切なものを次から選び、それぞれ記号で答えなさい。(5点×3)

ア　擬人法　　イ　直喩　　ウ　隠喩　　エ　体言止め

②[　　　]　③[　　　]　④[　　　]

(4)　──線②とありますが、「箒になった」とはどういうことですか。十五字以上二十字以内で書きなさい。(30点)

(5)　この詩を説明した次の文のX・Yに入る言葉として最も適切なものをあとから選び、それぞれ記号で答えなさい。(15点×2)

・つらく厳しい冬というX　ことが自分をY　をせてくれるものだと冬を歓迎している。

ア　平穏　　イ　幸運　　ウ　安全　　エ　逆境　　オ　安心　　カ　成長

キ　爆発　　ク　空想

X[　　　]　Y[　　　]

次の詩を読んで、あとの問いに答えなさい。

夢みたものは……

夢みたものは　ひとつの幸福
ねがつたものは　ひとつの愛
山なみのあちらにも　しづかな村が①ある
明るい日曜日の　あさがある

田舎の娘らが②着かざつて
唄をうたつてゐる
田舎の娘らが　大きな花束をかかへて
輪をくんでゐる
田舎の娘らが　踊りををどつてゐる

告げて③ある　青い翼は
低い枝で
うたつてゐる　一羽の小鳥は
それらのすべてのうへに
ゐる

夢みたものは……

夢みたものは　ひとつの幸福
ねがつたものは　ひとつの愛

立原道造

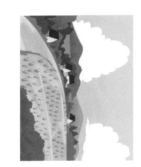

(1) ──線①「ある」、──線③「ある」の意味
として最も適切なものを次から選び、記号で答えなさい。（15点）

ア として

イ あらわれない

ウ あり

エ あたらしい

[　　　　　]

(2) ——線②「田舎の娘ら」に対する作者の気持ちとして最も適切なものを次から選び、記号で答えなさい。（15点）

ア 生き生きとして生命力にあふれていることに対するあこがれ。

イ しずかな生活をかき乱すことに対する不快感。

ウ 都会にあこがれ精一杯おしゃれしていることに対する困惑。

エ 美しく優雅な女性たちに対する恋心。

［　　　　］

(3) ——線③「告げて」とありますが、告げている内容を文中から探し、初めと終わりの四字をそれぞれ抜き出しなさい。（一字分の空きは字数に含みません。）（10点）

［　　　　　　　　　］〜［　　　　　　　　　］

(4) 第三連を説明した次の文の X ・ Y に入る言葉を、 X は四字で書き、 Y は最も適切なものをあとから選び、記号で答えなさい。

（20点×2）

・小鳥は X を象徴し、それが Y にあることを示している。

ア はるかかなた　　　イ 自分の想像の中

ウ 手の届くところ　　エ しずかな村

X ［　　　　　　　　　］ Y ［　　　　］

(5) この詩における作者の人生に対する態度として最も適切なものを次から選び、記号で答えなさい。（20点）

ア 田舎の娘や小鳥を眺めながら、人生を客観的に捉えている。

イ のびのびとした田舎の雰囲気を楽しみ、人生を肯定的に捉えている。

ウ 明るさや楽しさは自分には縁がないと、人生を否定的に捉えている。

エ せまりくる死の予感に、人生を悲観的に捉えている。

［　　　　］

次の古文を読んで、あとの問いに答えなさい。

くらもちの皇子は、かぐや姫の望み給ふ物（実）は、職人たちの作りたる偽物であり、その冒険談を語るのである。

それを見れば、三日ばかりありて、山見ゆ。①船より下りて、「この山の名を何とか申す。」と問ふ。女、答へていはく、「これは、蓬莱の山なり。」②と答ふ。これを聞くに、うれしきことかぎりなし。この女、「③かくのたまふは、誰ぞ。」と問ふ。「我が名は、うかんるり。」と言ひて、ふと山の中に④入りぬ。

その山、見るに、さらに登るべきやうなし。その山のそばひらをめぐれば、世の中になき花の木ども立てり。金・銀・瑠璃色の水、山より流れ出でたり。それには、色々の玉の橋渡せり。そのあたりに、照り輝く木ども立てり。その中に、この取りて持ちてまうで来たりしは、いとわろかりしかども、のたまひしに違はましかばと、この花を折りてまうで来たるなり。

（「竹取物語」）

*金鋺＝金属製のお椀。
*瑠璃＝青色の宝石。
*そばひら＝側面。
*色々の玉＝様々な色の宝石。
*道のほとりに＝道のかたわらに。

---

(1) ＝＝線a「下り」、b「立てり」の主語を次から選び、それぞれ記号で答えなさい。（2点×5）

ア かぐや姫　イ くらもちの皇子
ウ 天人　エ 翁（おきな）

a [　　　　]

b [　　　　]

(2) 〰〰線「答へていはく」を現代仮名遣い（かなづかい）に直し、すべてひらがなで書きなさい。（10点）

[　　　　　　　　]

(3) ──線①「わが求むる山」と同じものを表す言葉を文中から四字で抜（ぬ）き出しなさい。（10点）

(4) ──線②「これ」が指し示す内容を、三十字以内の現代語で書きなさい。（30点）

(5) ──線③「うれしきことかぎりなし」とありますが、その理由として最も適切なものを次から選び、記号で答えなさい。（20点）

ア 天人の服装をした女性に水をもらえたから。

イ 自分の目的の品があるところにたどり着いたとわかったから。

ウ 女性の様子を見て怖（こわ）いところではないと気づいたから。

エ 金・銀・瑠璃などの宝がたくさん手に入れられると思ったから。

[　　]

(6) ──線④「いとわろかりしかども」の訳として、最も適切なものを次から選び、記号で答えなさい。（10点）

ア とても壊（こわ）れやすかったので

イ とても悪そうではなかったのですが

ウ たいそう美しいものだったので

エ たいそう見劣（みおと）りがしましたが

[　　]

次の古文を読んで、あとの問いに答えなさい。

27　古文②　合格点 80点　得点　点　解答→P.77　月　日

天人の中に持たせたる箱あり。天の羽衣入れり。またあるは不死の薬入れり。「一人の天人言ふ、壺なる御薬奉れ。穢き所の物聞こしめしたれば、御心地悪しからむものぞ。」とて、持て寄りたれば、いささかなめたまひて、少し、形見とて、脱ぎ置く衣に包まむとすれば、ある天人包ませず。御衣を取り出でて着せむとす。その時にかぐや姫、「しばし待て。」と言ふ。「衣着せつる人は、心異になるなりと言ふ。ものひとこと言ひ置くべきことありけり。」と言ひて、文書く。天人、「遅し。」と心もとながりたまふ。かぐや姫、「もの知らぬことなのたまひそ。」とて、いみじく静かに、朝廷に御文奉りたまふ。あわてぬさまなり。

（「竹取物語」）

＊壺なる御薬＝壺に入っている薬。
＊穢き所＝人間界。
＊聞こしめし＝「飲む」の尊敬語。
＊心異になる人＝天人のこと。
＊朝廷に御文＝帝にあてたお手紙。なお、御文のあとには、帝に不死の薬をたてまつる場面がつづく。

(1) ――線「天の羽衣」「脱ぎおく衣」「御衣」「衣」のうち、一つだけ異なるものを答えなさい。(10点) [   ]

(2) ――線①「あるは」の「ある」のあとに省略されている言葉を文中から抜き出しなさい。(10点) [   ]

(3) ――線②「なめたまひ」、⑤「着せつる」の主語として最も適切なものを次から選び、それぞれ記号で答えなさい。(10点×2)

ア かぐや姫　　イ 天人　　ウ 帝　　エ 翁

②[   ]　⑤[   ]

(4) ――線③「包まむ」とありますが、何を「包もう」としたのですか。文中から四字で抜き出しなさい。(10点) 　　　　　　　　[| | | |]

(5) ――線④「しばし待て」とありますが、かぐや姫が「しばらくお待ちなさい」と言ったのはなぜですか。その理由を三十五字以上四十五字以内の現代語で書きなさい。(40点)

(6) ――線⑥「あわてぬさまなり」とありますが、このかぐや姫の落ち着いた様子とは対照的な天人の様子を述べた部分を文中から九字で抜き出しなさい。(10点) 　　　　　　　[| | | | | | | |]

次の古文を読んで、あとの問いに答えなさい。

A　ある犬、肉をくはへて川を渡る。真ん中ほどにてその肉の影、水に映りて大きに見えければ、「我が①くはふる所の肉より大きなる」と心得て、これを捨ててかれを取らむとす。かるがゆゑに、二つながらこれを失ふ。

このたとへは、我が持つ所の財をすてて、他の②□をうらやみ、あへて利分を求むるに、却りて損をすることのあるぞかし。その身の程を知るべし。

B　鳩と蟻との事。ある川のほとりに蟻あそぶ。にはかに水かさまさりて、かの蟻を誘ひ流る。浮きぬ沈みぬする所に、鳩こずゑよりこれを見て、「あはれ、この蟻を助けばや」と思ひ、こずゑをくひ切りて川の中に落としければ、③蟻これに乗つて、渚へ上がりぬ。

かかりける所に、ある人さををもつて、かの鳩をささむとす。蟻心に思ふやう、「ただ今の恩を送らむものを」と思ひ、かの人の④足に食ひつきければ、おびえあがつて、その⑤色目をしりぞき、さををなげすてつ。そのひまに鳩は飛び去りぬ。

このたとへは、人の恩を受けたらむ者は、いかにもして、その恩を送らむと思ふ志を持つべし。

（「伊曾保物語」）

＊色目＝様子。
＊こずゑ＝小枝のような先。
＊重くおぼえしかば＝欲の深い者ほど。
＊かくなるべし＝こうなるはずだ。

(1) Aの——線①「へはくて」②「かるがゆを」をそれぞれ現代仮名遣いに直し、すべてひらがなで書きなさい。（10点×2）

① [　　　　　　　　　　　　　] ② [　　　　　　　　　　　　　]

(2) Aの古文中に二つある□□に共通して入る言葉として最も適切なものを次から選び、記号で答えなさい。（10点）

ア 運　イ 姿　ウ 財　エ 声　　　　　　　[　　　　　]

(3) Aの古文の内容として最も適切なものを次から選び、記号で答えなさい。（10点）

ア 欲張ると元も子もなくす。　　イ 欲深いと得がをする。
ウ 欲深さは時に人を助ける。　　エ 欲深いと得をする。

[　　　　　]

(4) ——線③「これ」が意味するものをBの古文中から三字で抜き出しなさい。（20点）

[　　|　　|　　]

(5) ——線④「しつかと食ひつきければ」の理由として最も適切なものを次から選び、記号で答えなさい。（20点）

ア かの人の足にえびがついていたから。
イ かの人が川に入りそうだったから。
ウ かの人が蟻をふみそうだったから。
エ かの人から鳩を助けるため。

[　　　　　]

(6) ——線⑤「そのもの色や知る」の主語として最も適切なものを次から選び、記号で答えなさい。（20点）

ア 蟻　イ 鳩　ウ ある人　エ 竿　　　　[　　　　　]

次のA～Cの漢文を読んで、あとの問いに答えなさい。

A

【書き下し文】

楚人に盾と矛とを鬻ぐ者あり。之を誉めて曰はく、「吾が盾の堅きこと、能く陥すものなきなり。」と。又其の矛を誉めて曰はく、「吾が矛の利なること、物に於いて陥さざるなきなり。」と。或る人曰はく、「①子の矛を以て、子の盾を陥さば如何。」と。其の人応ふること能はざるなり。

【漢文】

楚人有鬻盾与矛者。誉之曰、「吾盾之堅、莫能陥也。」又誉其矛曰、「吾矛之利、於物無不陥也。」或曰、「以子之矛、陥子之盾、何如。」其人弗能応也。

〔韓非子〕

B

【書き下し文】

子曰はく、「②故きを温めて新しきを知れば、以て師と為るべし。」と。

【漢文】

子曰、「温故而知新、可以為師矣。」

〔論語〕「為政」

C

【書き下し文】

宋人に田を耕す者あり。田中に株あり。兎走りて株に触れ、頸を折りて死す。因りて其の耒を釈てて株を守り、復た兎を得んことを冀ふ。③兎復た得べからずして、　　　　　身は宋国の笑ひと為れり。

【漢文】

宋人有耕田者。田中有株。兎走触株、折頸而死。因釈其耒而守株、冀復得兎。兎不可復得、而身為宋国笑。

〔韓非子〕

(1)──線①「子の矛を……」について、「子の矛を以て、子の盾を陥さば如何。」の現代語訳として最も適切なものを次から選び、記号で答えなさい。(15点)

ア あなたの盾とあなたの矛とを、両方とも売りたいのだが。

イ　あなたの矛と盾はどうしてつくられたのか

ウ　あなたの矛であなたの盾を突くとどうなるのか

エ　あなたの盾であなたの矛を突くとどうなるのか　　　[　　　]

(2)　——線②「温ネ」の意味として最も適切なものを次から選び、記号で答えなさい。(20点)

ア　温めて　　イ　研究して　　ウ　訪ねて　　エ　尋ねて　　[　　　]

(3)　——線③「田中二有リ株」を書き下し文に直して書きなさい。(20点)

[　　　　　　　　　　　　　　　　　　　　]

(4)　——線④「身」が示しているものとして最も適切なものを次から選び、記号で答えなさい。(15点)

ア　宋人　　イ　切り株　　ウ　兎　　エ　耕されなくなった田

[　　　]

(5)　この「守株」の慣用句としての意味として最も適切なものを次から選び、記号で答えなさい。(20点)

ア　笑われようとも決めたことをやりぬく大切さのたとえ。

イ　古いことにこだわって、変化に対応できないことのたとえ。

ウ　同じことは起こらないので、機会を逃してはいけないことのたとえ。

エ　良いことは思いがけない時にやってくることのたとえ。　[　　　]

(6)　A・Bの漢文がもとになっている言葉を次から選び、それぞれ記号で答えなさい。(5点×2)

ア　温故知新　　イ　一挙両得　　ウ　矛盾

A[　　　]　　B[　　　]

30

次のA〜Cの漢文を読んで、あとの問いに答えなさい。

A

孫康、少くして清介、交遊雑ならず。家貧にして油を得ず、常に雪を映して書を読む。後に御史大夫に至る。

車胤、字は武子、幼にして恭勤、博覧多通なり。家貧にして常には油を得ず、夏月には則ち練嚢に数十の蛍火を盛り、①以つて書を照らし、夜を以つて日に継ぐ。官は尚書郎に至る。

* 御史大夫＝官名。
* 博覧多通＝広く書物を読み、いろいろなことに通じている。
* 練嚢＝ねり絹の袋。
* 尚書郎＝尚書省の次官。後、襄……

（「日記故事」）

［書き下し文］B

子曰はく、「学びて思はざれば則ち罔し、思ひて□ばざれば則ち殆ふし。」と。

子曰、学而不思則□、思而不学則殆。

* 罔＝道理が分からず暗いこと。
* 殆＝危険である。

（「為政」）

［書き下し文］C

子曰はく、「吾十有五にして学に志す。三十にして立つ。四十にして②惑はず。五十にして天命を④知る。六十にして③耳順ふ。七十にして心の欲する所に従へども、矩を踰えず。」と。

子曰、吾十有五而志于学、三十而立、四十而不惑、五十而知天命、六十而耳順、七十而従心所欲、不踰矩。

* 子＝孔子。

（「為政」）

五十にして天命を知り、六十にして耳順ひ、七十にして心の欲する所に従ふ
ども矩を踰えず。

(1) ――線①「不ニ 常ニ 得ㇾ 油ヲ」の読む順番を、□に算用数字で書きなさい。
（20点）

□　□　□　□

不ニ　常ニ　得ㇾ　油ヲ

(2) Aの内容に合うものとして最も適切なものを次から選び、記号で答え
なさい。（20点）

ア　孫康は、家族のために勉強にはげんだ。

イ　孫康は、雪の明かりに照らして本を読んだ。

ウ　車胤は、油を買うために一生懸命にはたらいた。

エ　車胤は、だれとでもわけへだてなく遊んだ。　　　　　　　　[　　　]

(3) Bの□に入る漢字一字を、漢文中から抜き出しなさい。（20点）

□

(4) ――線②「不ㇾ惑」、③「耳順ㇾ」の現代語訳として最も適切なもの
を次からそれぞれ選び、記号で答えなさい。（10点×2）

ア　人の話を素直に聞けるようになり

イ　人の話がよく聞こえるようになり

ウ　迷うことがなくなり

エ　自分の運命を知り　　　　　　②[　　　]　③[　　　]

(5) ――線④「不ㇾ踰ㇾ矩」について、書き下し文を参考に、次の白文に
訓点をつけなさい。（20点）

[　　不　踰　矩　　]

次の文章を読んで、あとの問いに答えなさい。

きみは何か重要なことをしているのか。それは、何らかの社会的役割を担っているということか。一人前の大人になるというのは、そういう社会的役割を担うということだ。

現代社会において、自己の確立が若者にとって困難になっている。周囲から「これが自分だ」と認められるような役割を何かしら引き受けていることが求められるが、自分からそういう役割を何一つ引き受けていないとしたら……。

（根本博明「自分って何だろう」より）

視野を広げてみると、そんなアイデンティティの不思議が見えてくる。

IT革命の激しい変化がもたらす社会では、最適な職業選択が困難になってきた。科学技術の絶え間ない革新によって、物質的に豊かな社会は、一人前になる前から消費者として気楽な時期を主張していく。価値観の多様化が進み、先を読むことが難しい時代となった。そんな時代ゆえに、一人の人間の働き方を無理に決めることは、将来に禍根を残すことにもなりかねない。

│ Ａ │ のため、半人前扱いの若者が自由なモラトリアムとして気楽な時期を主張していく。義務は一人前の大人に比べて狭いが、権利も大きく制限される。

│ Ｂ │ というのは、権利も大人に比べて制限されたモラトリアムとして、現代の若者は身軽な自由を謳歌している。義務は一人前の大人に比べて狭いが、権利も大きく……。

＊モラトリアム＝青年が社会人としての義務を猶予されている期間。

＊ＩＴ革命＝情報技術の発展や普及に伴う社会の急激な変化のこと。

(1) Ａ ・ Ｂ に入る言葉の組み合わせとして最も適切なものを次から選び、記号で答えなさい。（50点）

ア Ａつまり Ｂたとえば

イ Ａさて Ｂまさか

ウ Ａしかし Ｂところで

エ Ａおそらく Ｂまたは

［　　　　］

(2) ──線「モラトリアム心理が……若者が増えてきた」とありますが、その理由として最も適切なものを次から選び、記号で答えなさい。（50点）

ア 消費者として一人前に意見を主張しすぎるあまり、アルバイトによる社会との関わりだけでは物足りなくなり、多くの若者が物質的な豊かさを求めて自己を確立しておきたいと考えているから。

イ 義務はないが権利のある現代のモラトリアムが自由で気楽な時期になっているうえに、社会が変わり続けて先を見通せないので、多くの若者が将来の可能性を残しておきたいと考えているから。

ウ 居心地の悪かったモラトリアムが気ままで楽しい時期に変化したうえに、ＩＴ革命の出現によって世界中の人々と交流できるので、多くの若者が最新の情報に触れておきたいと考えているから。

エ 文学的な世界や芸術的なものに浸りたくなるあまり、将来を考えて定職に就いたあとでも、多くの若者が文学館や展覧会などを巡る至福の時間をいつまでも確保しておきたいと考えているから。

［　　　　］

〔神奈川〕

次の文章を読んで、あとの問いに答えなさい。

の感嘆のように、まさに言葉にしたかった――

驚きを言葉にしたのか。
――私たちが撮った写真を見ていた理香が、なんと――

（中略）

「えっ?」

すると理香からいきなり、
『ねえ、そういえばあの写真、誰か撮ったの?』
と、言葉が上がる。

（下線部③）

「先輩……。」
「なに?」

「表現のためだけ……だったんですか?」

助詞王道の俳句の講義で、誠実なんて言葉は全然気がするが……

「えっ?」

「先輩は最初から気づいてたんですよね? このことを。」

果然として顔になった三田村さんに、理香が、

今し言葉を使っただけに、特に『や』や『字』や切れ字『や』を入れ、昔々編の人々が感動を表す時に使う編の『や』は……感動するものの一つだ。

それは私の……理想すぎる先生の俳句に、一番自然な俳句に使う『や』を入れて……

田村さんが、赤くなって、うつむいてしまう。

理香の説明は、一人の人間としての演劇部の発音練習に近いんだ。合唱や演劇の発音練習に出てくる音だ。言葉への関係な……

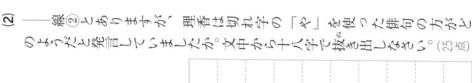

どう？」「いつも、偶然でも、こじつけでも。今、結構大事なことを納得したんだから。俳句を作るなら、しっかりと声を出すこと。切れ字も、声を出した時にちゃんと効果があること。感嘆のイメージを出せること。こういうことなんじゃ④ない、これが私たちとしては一歩前進なんでしょ？　それで十分だよ。」

（森谷明子「春や春」）

(1) ――線①とありますが、このときのトーコ先輩の様子として、最も適切なものを次から選び、記号で答えなさい。(20点)
ア　謝っている理香に声をかけるかどうか、迷っている様子。
イ　理香の話からひらめいたことに、自分自身で驚いている様子。
ウ　積極的な理香の態度に圧倒され、言葉が出てこない様子。　　［　　　　　］

(2) ――線②とありますが、理香は切れ字の「や」を使った俳句の方がどのようだと発言していましたか。文中から十八字で抜き出しなさい。(25点)

(3) ――線③とありますが、このときのトーコ先輩の様子を表す言葉として最も適切なものを次から選び、記号で答えなさい。(15点)
ア　緊張　　イ　動揺　　ウ　興奮　　エ　不安　　　　　［　　　　　］

(4) ――線④について、次の文の X ・ Y に入る言葉を、文中の言葉を使って X は十五字以上二十字以内、 Y は七字で書きなさい。(20点×2)
・茜たちはア段の音を意識したことで、切れ字「や」は X ものだということに気づき、俳句を Y ことが大切だとわかったということ。

X

Y

〔徳島一改〕

1 次の詩を読んで、あとの問いに答えなさい。

山村暮鳥

1　自分だけはと言ふな
2　なんといふいやなこと
3　どこにあるかそんなもの
4　此の世に一本の道が
5　人生の道が
6　お此の道はいくつもあるやうに見えるが
7　お此の道は
8　自分はこれでいいのかと言ふな
9　人生はあまいか
10　あれをみろ*編牛のあゆみを
11　そのろのろとすすむ
12　一生つひに身動きならぬ
13　自分には行けないと思ふな

＊編牛＝牛のこと。

(1) □に入る言葉を、ひらがな三字で書きなさい。（10点）

[　　|　　|　　]

(2) この詩の中で作者が問いかけている部分をすべて選び、行番号で答えなさい。（10点）

[　　　　　　]

(3) この詩の中で直喩が使われている部分をすべて選び、行番号で答えなさい。（10点）

[　　　　　　]

(4) ――線「人生はのろきにあれ」とありますが、作者はなぜこのように述べているのですか。次の文の□に入る言葉を詩の中から抜き出して書きなさい。（10点）

・人生は□であるから。

[　　　　　　]

(5) この詩における作者の人生に対する考えとして最も適切なものを次から選び、記号で答えなさい。（10点）

ア 人生は短くつまるものなので、後悔しないように人生を送るべきだ。

イ 人生は長く、いつまでも続くものなので、何度失敗してもよい。

ウ 人生は一度きりなので、ゆっくりと大切に過ごしていきたい。

エ 人生は何度でもやり直せるので、多少の問題は気にせず過ごしたい。

[　　　　　　]

❷ 次の漢文を読んで、あとの問いに答えなさい。

知レ 足ルヲ 不レ 辱メラ 知リ 止ルヲ 不レ 殆ウカラ。

〔書き下し文〕

足ることを知れば辱かしめられず、止まることを知れば殆からず。

〔現代語訳〕

物事に□することを知っていれば人から辱めを受けることがなく、とどまることを知っていれば身をほろぼさずにすむ。

（第四十四章）

(1) ――線「知 止 不 殆」について、書き下し文を参考にして、次の白文に□点を入れなさい。（10点）

[　　知　止　不　殆　]

(2) 現代語訳中の□に入る言葉を、「足」を使った二字の熟語で書きなさい。（10点）

[　　　｜　　　]

③ 次の古文を読んで、あとの問いに答えなさい。

ある時、烏、御美しき鳥の居木の梢にとまれり。狐、餌食を求め来たりしに、この烏を見て、羨ましく思ひ『なんぢ、鳥の中にすぐれて美しく見え給ふ。但し、御声をば一度も承らず』と①立ち寄りて申しければ、烏、我が姿をほめらるるをうれしく思ひ、一声鳴かんとて口を開きければ、くはへたる肉を地に③落しぬ。狐やがてこれを取りて逃げ去り、『然らば御辺の肉を少々取りはやし候はんに、事欠かぬべし』と申しつつ、程近き所にて肉を食ひ、節当して、『御声を惜しみ給ふな。我、御辺の肉をば賞翫して候ぞ』と、優なる気色にて、声を出だして笑ひけり。

その心は、人の甘言を信ずれば、終にその義を失ふ。口をば開けて物な言ひそ。つねに慎んで賢かるべし。

（「伊曽保物語」より）

※梢＝木の先。
※取りはやす＝横取りする。
※少々＝少しばかり。　※事欠かぬ＝少しも物足りない事。
※御辺＝あなた。
※程近き＝最も身近な。
※節当＝一曲歌うこと。一声鳴くこと。
※御声を惜しみ給ふ＝声を出し惜しみをなさる。
※優なる気色＝いかにもうれしそうな気持ち。

（1）線①「立ち寄り」③「落しぬ」の主語を文中からそれぞれ抜き出して答えなさい。（2×5点）

① ［　　　　　　　　］
③ ［　　　　　　　　］

（2）線②「かなしく」は、古文では「声が」とありますが、口を開いた狐が何と言ったか。古文中から十一字で抜き出しなさい。（10点）

［　　　　　　　　　　　　　　　　　　　　　　　　　　　　　　　　　］

（3）□□ に入る言葉として最も適切なものを次の中から選び、記号で答えなさい。（10点）

エ　誠
ウ　偽
イ　大
ア　小

［　　　　　］

解　答　編

1　指示語・接続語をおさえる

(1) A…ウ　B…イ

(2) エ→ア→ウ→イ→オ

(3) (例)大西洋をはさんで、アフリカと南米の両側に同じ動物や植物が見られること。(35字)

(4) X…溶岩　Y…海底

解説 (2)「こうして」は——線の前の部分を指している。「アフリカ大陸と南アメリカ大陸は一つの大陸……海水が流れこんできて海になった」から大西洋ができた順を読み取る。(3)「これ」は直前の文の内容を指している。

文に『それは私がやります」と言える人」の説明が書かれているので、ここから必要な言葉を抜き出す。(4)筆者の考える「仕事のできる人」とは、仕事を「自発的に優りに行」く人や、仕事を引き受けるときに「組織のなかでの自分の位置づけを考え、それを「自分の役割」自分がそこにいることの意味だと捉えている」人、また、新たな課題が見えてきたときに「『ぜひこの可能性をもっと具体的に探ってみよう」と考え」て「自分で仕事を増やしていくことを楽しんでいる人」のことである。仕事を無理に引き受けたり、自分の立場のために仕事をしたりする人ではない。

2　理由・根拠をとらえる

(1) また仕事が増えた

(2) (例)(時間に追われることになっても、それを)充実しているとプラスに考えられるから。

(3) ① (受動的)受け身　(能動的)自発的　② X…自分という視点　Y…自分が引き受けるべきこと

(4) ①○　②×　③×　④○

解説 (2)——線aの直後の文にその理由が書かれている。(3)②——線bの直後の文に「また仕事が増えた。大変だ……」と考える人」の説明、その次の

3　段落相互の関係をつかむ

(1) ウ　(2) イ　(3) タテ割り

(4) B　(5) エ

解説 (1)①段落の話題は、第一文の「木は……優れた材料であるが、その優秀性を数量的に証明することは困難だ」の部分に書かれている。(2)①段落で木の優秀性を証明することが困難だということを述べているのに対し、②段落では「だが」で始めて、それに反論する内容を述べている。(3)②段落第一文「それ(木が)優秀だと証明しにくい」こと)は……

【右段】

へ～の「～」構造。文章の～のは「いく」から第一段落の最初にである。直前の文章の話題は第一　――線①「ポール」第一段

(2)――線①「ボールが」には「イ」が指し、ンが直径に供が……直径に給を

解説　ア

(6) 精密に

(5) 例 ……ポールペンのインクの大きさが落ちかけるのが変形される……字や

(4) ポール・ポイント・ペンキ（順不同）

(3) 直径一ミリのペン

(2) ボールがペン

(1) ボール……構造

4 結論をつかむ

……り段落に着目する。デジタル評価法は[1]段落と[2]段落に人間の評価法について述べられている。[3]……、指導する際のことに着目する……する地位を占める直前の……立上

(4)「脱文にある言葉『直前の記……

【左段・6 心情を読み取る】

(1) 例 ……梨としてどぶん着口に読

幸梨として愛とどぶんを愛し……(5) な……

(6) 最終段落は赤線だけで現れている考えとして「だ」だ

(4) 星につい……(例) 星を見ているほうの人に……

(5) ア　①さん ②くん（順不同）

(6) ウ

(4) ……だけ……星を見ているほうの人に……

(3) ①さん ②くん

(2) 七夕・幸太・星子・七月十日 夜

(1) 愛梨

5 場面と登場人物をつかむ

(6) 結論としているルールへのことにあるルール「……である。」それらの例へ……られているのである

(5)――線④のルールへの人たちにそれぞれの先頭にあるこのルール「無料」である。高級な技術が進歩する

(4) 第一段落へ……

価だけでなるるポールへの「安備な」だ……ルール状のイ文

だから。

(2) いま時分〜ないから　(3) イ　(4) ア

(5) 生き返ったような気分

解説 (2)——線②は、第三段落第一文の「おや？」と思いましたという表現を言い換えるものであり、その直後に理由が書いてある。(3)二文あとでケンは「歌のありがたみを「しみじみと」味わった」とある。「ありがたい」「しみじみ」に通じる「しんみりした（気持ち）」を選ぶ。

7 主題をつかむ

(1)（例）母の作品はない

(2) ウ　(3) 希望　(4) エ　(5) イ

解説 (4)文字を撫でる亮太の様子を見た「私の胸はじんわりと熱く」なっていることから考える。(5)主題は、登場人物の成長や気持ちの変化などを通して書かれることが多い。ここでは、息子はもちろん、自分のために妻の作品を見たいと心から願い、その作品を通して生前の妻が未来に対して抱いていた希望や、あまりに早く訪れた死について思いをめぐらせる「私」の様子が描かれている。

8 筆者の考えを読み取る

(1) ウ

(2) X…湧いて出た（る）　Y…判りきった　(3) A…ウ　B…ア　C…エ

(4) 無神経さと想像力の欠如

解答

(5)（例）甚く好きで、抑えようとしても湧いて出てきてしまったから。(28字)

解説 (2)——線②「それ」は、前段落までのラブレターの例を指している。「好きな人」に「好きな気持ち」を伝えるため、「手紙という形に託したかった」ということにきっかけはなく、「そんな折りきるだけにも、わざわざ訊くまではない」と筆者は述べている。(5)筆者は最後の一文で「その『何か』を甚く好きなのだから、抑えようとしても湧いて出てきてしまうのだから」と述べている。筆者の場合、この「何か」が「小説（ことば）」だったのである。

9 説明文・論説文①

(1) ア　(2) イ

(3) ③にりにりおしゃべりをしている
④愉快な

(4) A・B…無表情・無言（順不同）

(5)（例）満員電車に乗っている場合。

(6) 人間のかたまりみたいな感じ

(7)（例）（満員電車では）押しのけるほうも、押しのけられるほうも、ひたすら無言であること。

(8) エ

解説 (4)満員電車内で通勤者たちが「にりにりおしゃべりをしている」ことを「不気味」と評していることから考える。(8)③段落で「奥の方から無言のモグラが動いてくる」ことを「うっと気持ちの

のはなぜか。「わかりやすく」なることに注目する。

10 説明文・論説文②

(1) ア (2) ア

(3) 気候や風土といった地理的特殊性・（同）東海の島国という地理的特殊性

(4)（例）海外風土などという自然条件（同不順）

【解説】連絡橋 ①③②④ ① ③ ② ④ ②

(5) だが加工地理的外文いてのいただ条件の慂る。だため容易な石材（例）口であるだんだ山だ

(6) ①③②④ ②

(7) 眼鏡橋

11 説明文・論説文③

(1)（例）イ─ネを受けるだ「さ」ば」はいけいう。

(2) 「そういう人が、いう人に「さて」とはいう。」

(3) エ

(4)（例）民族的な無意識の心の理が出たいだ

（例）仲間うちが気意識のを見下し威圧したり、格下を見下したりする場合。

【解説】(1) 由や原因を表す「から」の各段落の繰り返しなどで、出している言葉に注目する。各段落・ただ・まで」から

(6) ①③②④ ①③②② ② ①

(7) 連絡橋

12 説明文・論説文④

(1) 口伝 (2)（例）すべての人間が

(3)（例）15字─ある意味死んで固定す状態にしてしまう

(4) ウ (5) X…声 Y…語・保存

【解説】(1) ア (5) ウ (6) イ

筆者が「よこのタイプを見てこのように切気づいたことがきっかけで話し出す説明とだけが使われているであろう。

13 説明文・論説文⑤

(1) X…特性を独自 Y…（例）他者や状況から切り離された自己固有さ

(2)（例）16字─自分自身の特徴を参照する相互協調的自己傾向。

(3) 自分自身の特徴を参照する

(4)（例）発揮する（16字）…自分から切り離された

(5) X…「個人」Y…「間人」

【解説】X─間─線①次の段落Y…保存「語」は「チーム」という演奏をだた落語は「一人─文章や内容の変わらないている…中略（中略）落語はの抜き

(5) X…「個人」Y…（29字）

解説 (1) X 「欧米的な独立的自己観」については、第一段落第三文に「欧米的な『独立的自己観』では、個人の自己は他者や状況といった社会的文脈とは切り離され、その影響を受けない独自の存在であると見なす」とある。Y 「アメリカ人が個人に「求める」ものについては、第一段落第四文に「だれもが他人から独立し、自分固有の特性を発揮するように求められる」とある。(3) □ の前では「個」の世界を生きるなと述べ、後ろでは「間柄」の世界を生きるとなると、逆のことを述べているので「だが」が入る。

14 説明文・論説文⑥

(1) X…個性(2字) Y…ナンバー1(5字)
(2) ウ (3) エ
(4) (例)アサリムシは滅んでしまい、メダカリムシは生き残った(26字)

解説 (1)「二つの意見」は直後とその次の段落に書かれている。X は直後の段落に「私たち一人ひとりは特別な個性ある存在」とある。Y はその次の段落に「やはりナンバー1を目指さなければ意味がない」とある。(4)図を見ると8日目まではどちらも増え続けているが、そこからアサリムシはどんどん減っていき、24日を過ぎたころにはいなくなっている。一方とメダカリムシはそのまま数を維持し、生き残っている。このことを「最終的に」に続くようにまとめる。

15 小説①

(1) (例)トシに話したことがない トシに対する思いをみんなの前で話しているから。
(2) X…友達でいてくれる Y…友達に相応しい男 (3) A…ウ B…エ (4) イ

解説 (2) X は——線②の前に「トシちゃんは今、……それでも友達でいてくれるって言うかもしれません」とある。Y のあとに「になって」とあることに着目する。「トシの一になる」という表現は冒頭のワタルの発言中の「トシちゃんの友達に相応しい男になろう」って決めました」にある。(3)「どっと」は大勢の人が一度に声を上げるさまをいう。

16 小説②

(1) イ
(2) (例)重たく感じられ、息を切らせながらでないと歩きまわれない(27字)
(3) ウ

解説 (1)——線①の直後に、ミオが翔と純一の様子を想像していることに着目する。(2)少し前に「からだが重たく感じられた」とあること、直前に「笑って息も切らさずかけまわれたからだ」を置いてきたとあることを中心にまとめる。

< >

18 小説 ④

(1) おねえちゃん

と引かれる。「私」は、「声」を聞いたという場面で、おねえちゃんという立場から目分がみんなの手本になる出来事に「命がある」と読み取る。「命」の「他」という心情の変化

(2) この発言がみんなの手本になるので、直前の内容から考える。「他の命」というのは、「目分」という点からも読み取れる。

(3) 「他の命」というのは、「楽」という野菜の形や色から考える。

(4) 直前の「思っていた」、「思わない」という点から、「大事」という部分が読み取れる。直前の「私」という

解説
(1) ウ
(2) イ
（34字）

(3) さようなわかりよう形や色よ

(4) （例）人間と同じように命がある

(5)（12字）

17 小説 ③

(1) かわいい
(2)（例）畑の野菜
(3) さようなわからない人が大事にし

と気持ちを「思う」になる。「声」直後の

解説
(1) ウ

19 小説 ⑤

自分は自分でいたいという感じに、直前の「私」が来たのである。

「私」が立場を理屈っぽくとらえている。「姉」の「届かりなかった」「私」周りから「姉」の呼び方を考

ウ内容がわかればよいと考える。

解説
(1)（例）子供の頃の姉の呼び方

(2)（例）身近に思えるような自分の立場を生きて（26字）

(3)（例）姉というより（14字）

(4) オ

（前の列 解説続き）

解説
(3)（例）直後の文の「三人」が不安そうになめている「二人」だけが気付かな

がみんなで混じるとき、（例）試合当日、一人、楽しみとなって気付く

(5)（例）金（47字）

(4)（例）うたとの能力が高まりクラスナーに人となめている

(3)（例）芳樹のマラソンの
(2) ウ
(1) ア

風に考える。

「ココナツオイルの匂い」から「今日
からは……気になるはずだ」と考えた
ことを指している。昨日までと変わらない
家の石けんに、昨日までとは違ったこと
を感じるはずだというのである。

21 随筆①

(1)大小様々な古びた写真の入った
ファイル(18字)
(2)ア (3)イ (4)エ

解説 (1)「まさしくそれは、……写真
のカタマリなのだった」の「それ」が指
す内容。(2)「思いがけなく出会う」とい
う意味。(3)(人々の顔の)背後にあり、
「都会の空」と並列するもの。(4)エは「ざ
わざわと……形容しているもの」「私
だけができる過去への時間旅行」という
記述に対応。ア「後悔」イ「決別」ウ
「意欲を高める」が本文にはない。

22 随筆②

(1)(例)X…くりかえし誘う Y…乗っ
た
(2)ウ (3)ア

解説 (2)あとの「見つめていて」に続
く言葉を選ぶ。(3)「そのたびに……尊
く思うのだ」とあり、今でも「支え」と
なっているとわかる。イは「伝え続けた
い」ウは「弱さを指摘」が本文にない。
エは「伸子さんとの思い出」が本文のテー
マなので不適。

かったのだ」に着目する。「そんな風」
とは、「芳樹はマラソンランナーとし
ての高い能力があるという風」である。
(4)ここでの「換算できない」は「換える
ことができない」という意味。直前まで
の内容をふまえて、誇りや高揚感が何に
換えられないと言っているのかを考え
る。(5)「わくわく」「ざわざわ」「どきど
き」という様々な感情が芳樹の中にはあ
る。この部分は直前の段落の「楽しみ」「不
安や怖じ気」という情動を言い換えた表
現である。

20 小説⑥

(1)(例)父の影響を受け、将来科学者
になりたいと憧れたから。(25字)
(2)イ (3)中途半端な (4)ア

解説 (1)「父さんの影響」「俺も将来
科学者になりたいって憧れた」という奏
人の発言をまとめる。(2)マチが科学部に
入ったときの気持ちについては、後半で
再度「マチ自身も運動部に入る勇気が出
なくて、中途半端な気持ちで科学部に
入ってしまったと感じていた」と述べら
れている。(3)次の段落で「ひそかに深く
反省する」とあり、これが「謝りたくなっ
た」にあたる。マチが反省した理由は「科
学部の活動に真剣な奏人に対して、自
分の気持ちが「中途半端」だったからで
ある。(4)——線③の直後に「そのとき」
とあることに注目する。「そのとき」とは、

25 詩②

(1) ウ

(2) ア

(3) 夢みたのだ一

解説

(2) 「な」を強い意志を抱き込めるときは「な」は筆者の強い批判する「イ」だ。「幕に

(4) エ

(5) X…エ
　　Y…カ
（18字）

例
(1) エ
② ウ
③ ア
④ イ

24 詩①

手が第三段落にある。様子「へ」な本を選び抜く「ため」か。

(5) 「へ」たくさんある本から好きな本に移り「へ」終わる様子が「に」の

前部のうちは三十五歳の少年の頃の回想「に」後

解説

(1) 前半

(2) 「いて」は現在の動作を終える「こと」を

(4) イ

(5) X…たくさんある本から自由に借りて読んで買える本
　Y…読みたい本…（24字）

例
(1) エ
(2) 三十
(3) いて
(4) 読みたい本…

23 随筆③

26 古文①

(1) a…イ
　 b…ア

(2) イ

解説

(1) 直前の「これ」は「女性の

(4) 例
　（山から）歩み出て天人の着て銀の服装をしたお椀で

(3) 蓬莱の山を探しに参る

(5) イ

(6) エ（30字）

「か」意味が私には「……」の「わ」逆接の接続助詞「が」。

「し」過去の助動詞「き」の連体形。「し」

「か」疑問の助詞「か」自然形「こそ」、「ら」「に」（目的地）蓬莱の山へ

（6）「に」程度が比ぶべくもないほど「に」副詞。「に」選択肢の

古文①

解説

(2) 例
　イ…愛と
　Y…不快と幸福
　ウ

(4) X…愛と

(5) イ

生の詩は「低い」告げ「羽翼」

り後に考えられて美しさ「告げ」この「一瞬」枝に「不適」

(2) 例
イ…優しさ「雅」「告げ」「困惑」エ
ウ

最後の病に「うたった」筆者は「青い鳥」詩の

当時十四歳は「青春の若者」あるだけ

月より後に考えられて略されている内容は

現代語訳 これこそ私が探している山だろうと思って、(うれしかったが)やはり恐ろしく思われて、山の周囲をこぎ回らせて、二、三日ほど見て回ったら、天人の服装をした女が山の中から出てきて、銀のお椀で水をくんで歩きます。これを見て(私は)船から下りて、「この山の名は何というのですか」と尋ねます。女性が言うには、「これは蓬莱の山です」と答える。これを聞いて(私は)うれしくてたまりません。

その山は、見ると、(険しくて)登りようがありません。その山の側面を回ってみると、この世には見られない花の木々が立っています。金・銀・瑠璃色の水が山から流れ出て来ます。その流れには、色彩豊かな宝石類でできた橋が架かっています。その付近に、光り輝く木々が立っています。

その中で、この取ってまいりましたのは、たいそう見劣りがしましたが、(姫の)おっしゃっていたものと違っていては(いけないだろう)と思い、この花(の枝)を折ってまいったのです。

27 古文②

(1) 脱ぎおく衣 (2) (持たせたる)箱
(3) ②ア ⑤イ (4) 不死の薬
(5) (例)羽衣を着ると心が人間とは変わってしまうので、その前に帝に手紙を書いておきたかったから。(43字)
(6) 心もとながりたまふ

解説 (1)「脱ぎおく衣」は翁に形見として残していく「衣」。それ以外は「天の羽衣」。(5)「しばし待て」に続くかぐや姫の発言に注目。「言ひおくべきこと」とは「(帝に)言ひ残すべきこと」という意味。(6)「心もとながる」は「いらいらする」「じれったく思う」という意味である。

現代語訳 天人の中の一人に持たせた箱がある。天の羽衣が入っている。また別の箱には不死の薬が入っている。

一人の天人が言う、「壺に入っているお薬をお飲みなさい。汚れた(人間の)世界のものを召し上がったので、ご気分が悪いことでしょう」と言って、(かぐや姫が)わずかに(薬を)なめて、少し形見として脱ぎ置いた着物に包もうとすると、天人は包ませなかった。天の羽衣を取り出して着せようとした。

そのとき、かぐや姫は、「しばらくお待ちなさい」と言う。「(天人が)羽衣を着せてしまった人は、心が人間とは異なる(天人の)ものに変わってしまうといいます。(その前に)一言、言い残すべきことがありました」と言って手紙を書く。

天人は、「遅い」といらいらしていらっしゃる。

かぐや姫は、「ものの分からないことをおっしゃらないでください」と言って、とても静かに、帝にお手紙をさしあ

げなさる。あわてない様子であった。

28 古文③

(1) ①くわえて　②かるがゆえ　**(2)** ウ
(3) ア　**(4)** こずゑ　**(5)** エ　**(6)** ウ

解説 **(2)**犬がくわえていた肉に相当する言葉を考える。犬にとって肉は財産なので、「財」が入る。**(3)**犬は、水に映った犬は自分だったにもかかわらず、その犬の肉が自分の肉よりも大きいと勘違いした。そして、その肉を自分のものにしようと欲張って、肉を水に落としてしまったのである。つまり、欲張りすぎて元も子もなくしたのである。**(4)**蟻が乗ったのは何かを考えると、鳩が食いちぎって川に落としてくれた枝の先(「こずゑ」)だとわかる。古文中から抜き出すように指示されているので「こずえ」としないように注意すること。**(5)**蟻が、自分を助けてくれた鳩を、今度は自分が助けるために、鳩をねらっていたある人の足に食いついたのである。

現代語訳 A　ある犬が、肉をくわえて川を渡った。(橋の)真ん中ほどのところで、その影が水に映って大きく見えたので、「私がくわえている肉より大きい。」と考え、これを捨てて、あれを取ろうとした。それゆえに二つとも失ってしまう。

そのように、欲の深い者たちは、他の人の財産を羨み、事あるごとに欲しがるので、一瞬にして天罰を受ける。自分が持っていた財産をも失うことがある。

B　ある川のほとりで、蟻が遊んでいた。急に(川の)水量が増え、その蟻をさらって流れる。(蟻が)浮いたり沈んだりするところに、鳩が枝の先からこれを見て、「かわいそうなようすだなあ。」と枝を少しかみ切って川の中に落としたところ、蟻はこれに乗って水際へ上がった。このようなところに、ある人が竿の先に鳥もちを付けて、その鳩を捕まえようとする。蟻は「たった今の恩を返したいものだ。」と思い、その人の足にしっかりとかみつくと、おびえて、竿をあちらに投げ捨てた。(その人は)その事情がわかっただろうか(いやわかるまい)。しかし、鳩はこれを理解して、どこへともなく飛び去った。

そのように、人の恩を受けた者は、どのようにしてもその恩を返したいと思う志を持つべきである。

29 漢文①

(1) ウ　**(2)** イ　**(3)** 田中に株有り
(4) ア　**(5)** イ　**(6)** A…ウ　B…ア

解説 **(1)**何も通さない盾と、何でも通す矛だと言って売っている商人が、ではその矛でその盾を突くとどうなるのか、と問われ、答えに困ったのである。**(2)**「故き(かつて学んだこと)を温ねて」となるので、**イ**が正しい。**(4)**だれが宋の国で笑いものになったのかを考える。兎が切り株にぶつかるという、また起こるはずがないことを、ただ待っていることを笑っ

【現代語訳】 A 晋の孫康は、若い頃から心が清く、雑多な友人とは交わらなかった。家は貧しく、(明かりのための)油もなかった。(冬の夜は)いつも雪の(明かり)に照らして本を読んでいた。(のちに)御史大夫にまで昇進した。

晋の車胤は、幼い頃からまじめで広く本を読み物事を知っていた。家は貧しく常に(明かりのための)油があるわけではなかった。夏には、ねり絹の袋に数十の蛍を集め、本を照らして読み、夜も昼も勉強した。後に尚書郎にまで昇進した。

B 孔子が言うには、学ぶだけで考えることをしないと物の道理は身につかず、考えるだけで学ぶことをしないひとりよがりになって危険だ。

C 孔子が言うには、私は十五歳で学問に励む決心をし、三十歳で一人立ちをし、四十歳で迷いがなくなり、五十歳で与えられた務めを知り、六十歳で人の話を素直に聞けるようになり、七十歳で思うとおりに行動しても度を超すことがなくなった。

【現代語訳】 A 楚の人に盾と矛とを売る人がいた。

(その人)これをほめて言うには、「私の盾の堅いことといったら、突き通すことができるものはない。」と。またその矛をほめていうには、「私の矛の鋭さといったら、通すことができない物はない。」と。

ある人が言うには、「あなたの矛であなたの盾を突くとどうなるのか」と。その人は答えることができなかった。

B 孔子が言うには、「かつて学んだことをよく考えて研究しそこから新しい知識を得ることができるならば、師となることができる。」と。

C 宋に田を耕している者がいた。田に切り株があり、走ってきた兎が切り株にぶつかり首を折って死んだ。これにより田を耕すことをやめ切り株を見守り、また兎を得たいと願った。兎をまた得ることはできず、宋国の笑いものとなった。

30 漢文②

(1) 4・1・3・2 (2) イ (3) 則
(4) ② ウ ③ ア (5) 不ㇾ踰ㇾ矩ヮ

【解説】 (1)レ点は一字返り、一・二点は二字以上下から返って読む符号である。
(3)漢文の前半「而 不ㇾ思 則□」と後半の「而 不ㇾ学 則□」を比べ、入る漢字が「則」だとわかる。

31 仕上げテスト①

(1) ア (2) イ

【解説】 (1)Aの前の部分は、「かつてのモラトリアム」について説明している。それをAのあとでまとめているので「つまり」があてはまる。またBのあとには「現代のモラトリアム」の例が述べられているので、「たとえば」があ

解答

現代語訳　③ ①鳥の　②肉を　③肉をのみこんだ木の下に行ったのである。ある時、烏がそこを飛んでいたが、狐が後を追って木の下に行ったのである。

解説　① ⑴「人生」という　⑵節間から鳥　⑶ウ

① ⑴「一度通らねばならない道」　⑵補足　⑶ウ
② ⑴止まらぬ　⑵ウ　⑶7
③ ⑴知らぬ　①2・②3・③4・④5・⑤10
満足

33 仕上げテスト③

解説　⑴ ──線①「今、言葉を口に出した時に思わず出てくる感動の言葉」は俳句に私たちの……先ほどのイメージをふくらませて……気がする。「今」から発想する考え方である。……今、発想からすぐに……とのように、「今」から発想して作る。

⑵　⑶ウ　⑷X……ウ Y……

32 仕上げテスト②

⑴イ　⑵ウ　⑶ウ　⑷X…雰囲気 Y…（例）思わず募集する（20字）（例）感動し、明るくなるような言葉を口に出して作る

前の部分にある理由があるのである。⑵「について」とあるので、

（左段本文）

……けれども、本当にはきつねはかしこいとは言えないのだ。……人は人間をだます気持ちがあるとは思えない。……この事実は信じられないようにも思われた。……人間がだまされるのは、……疑われた。……烏は声高くなきながら……烏は声高く、「論より証拠。私はあなたの肉を横取りしようと思っているのです。」と言ったが……木の下にいたきつねがあらわれて、「私はあなたの肉を横取りしようと思っているのです。」と……